하나님의 추격하시는 은혜

하나님의 추격하시는 은혜

죄인을 끝까지 포기하지 않으신 사랑

김교준

죄를 드러내고 추격하심은
나를 살리는 하나님의 깊은 사랑과 은혜다
주님과 친밀히 동행하며 천국의 시간을 준비하라
유기성 목사 위지엠 · 김다위 목사 선한목자교회 추천

규장

추천의 글 1

죽음을 경험하는 것보다 더 중요한 사실

    2017년 5월, '가정 회복 제자훈련 과정'인 〈행복플러스〉 세미나에서 한 남성 성도가 간절한 마음으로 하나님 앞에 엎드려 통곡하며 기도하는 모습을 보게 되었습니다. 그 눈물은 단순한 감정이 아니라 마치 죽음을 통과하는 듯한 깊은 절규였습니다.

    나도 모르게 그 성도에게 다가가 안았을 때 그는 마치 어린아이처럼 제 품에 안겨 울었습니다. 그가 바로 15년간 외도의 죄를 지은 후, 아내의 권유로 억지로 선한목자교회에 등록하고 세미나에 참석한 김교준 권사님이었습니다.

    권사님은 심근경색으로 죽음의 문턱을 넘기며 삶의 방향을 바꾸기 시작했습니다. 그러나 그것이 끝이 아니었습니다. 1년 후, 그는 또 한 번의 죽음을 맞닥뜨렸습니다. 패혈증으로 생명을 잃을 위기 속에서, 그는 천국과 지옥이 실제로 존재함을 확연히 깨닫게 되었습니다.

    그 사건을 계기로 자신의 죄를 깊이 자각하고 참된 회개에 이르게 되었지만, 그의 간증을 들은 이들 중에는 여전히 믿지 않는 이들이 많았습니다. 심지어 많은 그리스도인조차 천국의 소망보다 죽음의 두려움에 사로잡혀 살고 있었습니다. '죽음'이라는 주제를 너무나 무겁고 불편하게 여기며 죽음과 천국을 준비하지 않은 채 살아가는 모습이 너무나 안타까웠습니다.

그러던 중, 저자는 중요한 한 가지를 깨닫게 됩니다. 죄를 고백하고 죽음을 경험하는 것보다 더 중요한 것은 바로 우리의 옛사람이 예수님과 함께 죽고, 부활하신 주님의 생명을 가진 새로운 존재임을 믿는 것이라는 사실입니다. 마음에 예수님을 모시고, 주님과 동행하며 이 땅에서부터 영원까지 함께 살아가는 것이 진정한 신앙의 본질임을 알게 된 것입니다. 그리하여 저자는 예수님과 친밀히 동행하는 삶을 실제로 살아가기 위하여 '예수동행일기'를 쓰기 시작하였습니다.

이 책에는 사람들이 '죄'와 '죽음'을 회피하는 현실 속에서, 다음 세상을 준비하지 않고 살아가는 안타까운 현실에 대한 깊은 탄식이 담겨 있습니다. 동시에 그 속에서도 하나님의 추격하시는 은혜를 따라 회개의 눈물로 가정이 회복되고, 하나님과 사람 앞에서 온전한 삶으로 나아가는 여정이 간증처럼 펼쳐집니다. 무엇보다 예수님과의 친밀한 동행이 이 땅에서 어떻게 이루어질 수 있는지를 진솔하게 나누고 있습니다.

한 사람의 변화 뒤에는 언제나 기도의 헌신이 있습니다. 김교준 권사님의 회개와 회복 뒤에는 아내 궁혜원 권사님의 눈물과 인내, 끝까지 포기하지 않은 사랑이 있었습니다.

외도에 빠진 남편이 어렵게 얻은 둘째 아이를 지우라고 말할 때, 거짓과 변명으로 가정을 무너뜨릴 때, 권사님은 수많은 갈등과 고통 가운데서도 기도로 버티며, 남편을 바른길로 인도하고자 끝까지 애썼습니다. 그 수고는 말로 다 헤아릴 수 없습니다.

요즘처럼 '사람은 안 변한다', '손절', '이혼'이라는 말이 쉽게 오가는 시대 속에서 권사님은 진정한 '돕는 배필'이 무엇인지를 보여주는 살아 있는 증거입니다. 그 믿음과 사랑을 진심으로 위로하고 칭찬해드리고 싶습니다.

이 책은 단순한 간증을 넘어, 이 시대의 모든 가정과 신앙인들에게 하나님의 추격하시는 은혜와 회복의 능력을 다시 일깨워줄 것입니다. 꼭 읽어보시기를 권합니다.

유기성 목사 예수동행운동 이사장

추천의 글 2

추격하시는 은혜의 본질은 하나님의 사랑이다

얼마 전 주일에 다윗과 밧세바의 간음 사건을 본문으로 〈하나님은 당신을 포기하지 않으신다〉라는 설교를 전했습니다. 나단 선지자를 통해 다윗을 추격하셨던 하나님, 죄 가운데 도망치는 그를 끝까지 찾아가 회개로 이끄신 그 집요한 사랑을 나누며, 19세기 영국 시인 프랜시스 톰슨의 '천국의 사냥개'(The Hound of Heaven)를 인용했습니다. 세상의 쾌락과 지식의 미로 속으로 필사적으로 도망치는 영혼을 끈질기게 추격하시다가, 마침내 막다른 길에서 "네가 그토록 찾아 헤매던 사랑이 바로 나니라!"라고 말씀하시는 하나님. 바로 그 '천국의 사냥개'의 추격이 김교준 권사님의 삶 속에서도 동일하게 펼쳐졌음을 이 책은 생생히 증언합니다.

"나를 추격하시는 하나님을 보았다. 그럼에도 여전히 하나님의 손을 피해 도망치려고만 했다"라는 저자의 고백은, 프랜시스 톰슨의 시 속 주인공처럼 하나님의 사랑의 발소리를 피해 도망치는 모습 그대로입니다. 15년간의 외도라는 육신의 쾌락 속으로, 변명과 거짓말이라는 자기기만의 미로 속으로 숨었지만, 하나님의 추격은 멈추지 않았습니다. 어디로 피하든 사랑의 발소리는 더 가까이, 더 끈질기게 뒤쫓아왔습니다.

특별히 저자가 다윗을 언급한 부분이 의미심장합니다. "외도 사실이 드러났을 때 내가 방패막이로 삼은 것이 다윗이었다"라는 고백, 그러나 "죄가 드러났을 때 잘못을 인정하고 곧바로 회개하는 것이 얼마나 어려운 것인지 깨닫고 나서야 다윗의 위대함을 알 수 있었다"라는 깨달음. 이는 나단을 통해 "당신이 그 사람이라!"라는 음성으로 다윗을 추격하셨던 하나님께서, 설교 영상을 통해 저자의 죄를 드러내시며 동일하게 추격하셨음을 보여줍니다.

"그날, 나는 나를 추격하시는 하나님을 보았다"라는 저자의 증언은, 천국의 사냥개가 마침내 도망자를 붙잡은 순간입니다. 그런데 놀라운 것은, 그것이 파멸시키려는 추적이 아니라 구원하여 품에 안으려는 사랑의 추격이었다는 것입니다. 심근경색과 패혈증이라는 죽음의 문턱까지 이끄신 것도, "네 모든 것을 앗아간 것이 바로 나이니, 네가 나 외에 다른 곳에서 만족을 찾지 못하게 하려 함이라"라는 그 사랑의 표현이었습니다.

저자는 "요나를 죽음과 같은 시간을 통과하게 하사 항복시키셨듯이 패혈증으로 죽음 너머를 보게 하사 완악한 나를 항복하게 하셨다"라고 고백합니다. 우리를 그냥 내버려두실 수 없어서 세상의 거짓된 것들에 안주하지 못하도록, 때로는 삶을 흔들어서라도 찾아오시는 사랑. 그것이 바로 추격하시는 은혜의 본질입니다.

"죄가 드러나는 것이 두려워 도망 다니는 나를 추격하신 하나님의 은혜, 그리고 눈으로 보지 않으면 절대 믿지 못하는 나를 끝까지 참고 버리지 않으신 하나님의 사랑"이라는 고백에서, 천국의 사냥개가 붙잡은 한 영혼의 항복을 봅니다. "하나님의 은혜는 한 사람, 그것도 나 같은 죄인 하나에게 부으신 은혜만으로도 온 우주보다 컸다"라는 저자의 감격은, 마침내 자신을 추격하던 그분이 바로 자신이 그토록 찾아 헤매던 사랑임을 깨달은 영혼의 환희입니다.

더욱 감동적인 것은 이 추격하시는 은혜가 단순히 과거를 용서하는 데 그치지 않고, '예수 동행'이라는 새로운 삶으로 인도한다는 점입니다. '예수님과 동행하는 것이 일상 가운데 실제가 되는 훈련'을 통해 날마다 '나는 죽고 예수로 사는' 삶. 이것이 천국의 사냥개에게 붙잡힌 영혼이 누리는 참된 자유입니다. 지금 당신을 뒤쫓는 그 발소리는 정죄의 발걸음이 아니라 사랑의 추격입니다. 하나님은 결코 당신을 포기하지 않으십니다.

죄의 유혹과 육신의 연약함 속에서 하나님을 피해 도망치는 모든 영혼이 이 책을 통해 포기하지 않는 하나님의 은혜를 깨닫기를 소망하며 기쁨으로 이 책을 추천합니다.

김다위 목사 선한목자교회 담임

프롤로그

당신은 천국을 준비하고 있는가

나는 내세울 것이 없는 지극히 평범한 그리스도인이다. 비록 모태신앙이긴 하지만 천국에 대한 확신도 분명하지 않았고 그저 교회에 출석하고 봉사하고 헌금 잘하는 것을 하나님을 믿는 것으로 생각했다. 술, 담배를 하지 않고 교회 생활을 성실히 함으로써 적어도 교인들에게 믿음 좋은 집사처럼 보이는 외식적인 신앙생활을 했다.

그런 위선적 믿음 생활은 거절할 수 없는 유혹이 손 내밀었을 때 아무런 저항도 할 수 없었고, 오히려 마치 기다렸다는 듯이 그 손을 잡았다. 그렇게 일탈이 줄 것 같은 행복을 꿈꾸며 시작된 외도는 아내의 간절한 애원에 귀를 막고 변명과 거짓말로 15년을 보내고, 잃어버리게 했다.

그 여자와의 관계가 정리된 후에도 하나님께 온전히 항복하기보다는 여전히 죄를 감추려 하고, 추궁하는 아내에게 변명하고 둘러댔다. 그러면서 치열하게 싸우던 어느 날 아내가 무작위로 틀어놓은 한 설교 영상에서 하나님은 나와 그 여자의 관계를 드러내셨다.

그날, 나는 나를 추격하시는 하나님을 보았다. 그럼에도 여전히 하나님의 손을 피해 도망치려고만 했다. 죄가 드러났을 때 그 자리에서 무릎 꿇어 항복할 준비가 되어 있지 않은 굳은 마음은 사태를 적당히 덮으려고만 함으로써 상황을 더욱 악화시켰다.

하나님은 요나를 죽음과 같은 시간을 통과하게 하사 항복시키셨듯이, 완악한 나를 패혈증으로 죽음 너머를 보게 하사 항복하게 하셨다. 잠시 지옥의 두려움을 알게 하셨고 빛 가운데 천국의 평강과 기쁨을 느낄 수 있게 하셨다.

그분은 내가 예수님 손의 못 자국과 옆구리에 손가락을 넣어보지 않고는 믿지 않겠노라 했던 도마처럼 지옥과 천국을 직접 눈으로 보지 않으면 절대로 하나님의 살아계심을 온전히 믿지 못하는 것을 아셨다. 나에게 죽음을 체험하게 하신 것은 그런 나를 잘 아시는 하나님의 전적인 은혜였다.

죄가 드러나는 것이 두려워 도망 다니는 나를 추격하신 하나님의 은혜, 그리고 눈으로 보지 않으면 절대 믿지 못하는 나를 끝까지 참고 버리지 않으신 하나님의 사랑이 나를 살렸다는 것을 알았다.

내가 주의 영을 떠나 어디로 가며
주의 앞에서 어디로 피하리이까

내가 하늘에 올라갈지라도 거기 계시며
스올에 내 자리를 펼지라도 거기 계시나이다
내가 새벽 날개를 치며 바다 끝에 가서 거주할지라도
거기서도 주의 손이 나를 인도하시며
주의 오른손이 나를 붙드시리이다

시편 139:7–10

끝이자 시작이라서 가장 중요한 순간

내 영혼이 몸을 빠져나와 다음 세상으로 가는 것을 내 눈으로 직접 보게 되리라고는 전혀 예상하지 못했다. 보이는 세상에서 보이지 않는 세상으로 넘어가는 순간이 너무 갑작스러워서, 영혼과 육신이 분리될 때 지금 상황이 이 땅에서 벌어지고 있는 일인지 이 세상 너머의 것인지 분간이 되지 않아 당혹스러웠다.

만일 내가 이 땅으로 돌려보냄을 받지 않았다면, 삶과 죽음의 경계가 모호했던 죽음의 순간과 죽음 너머에 있는 다음 세상을 알리지 못한 채 단순히 한 사람의 죽음으로 묻혔을 것이다.

나는 이 체험을 통해, 삶이 육으로는 이 세상을 살아가는 동시에 영으로는 다음 세상을 준비해야 하는 여정이라는 것, 그리고 죽음은 이 세상에서 마지막 순간인 동시에 다음 세상의 시작이기에 이 땅의 중요한 마지막 과정이라는 것을 알게 되었다.

죽음 너머에 무엇이 있을지 모를 때는 다음 세상의 실재를 믿는 것이 희미한 선택의 문제일 수 있지만, 죽음과 동시에 다음 세상이 시작되는 것을 알게 되면 하늘나라를 준비하는 것은 뚜렷한 필수적 문제다.

죽음과 동시에 다음 세상으로 가는 것을 알게 되었으면서도 하늘나라를 준비해야 함을 알리지 않는다면, 내 죽음의 체험은 나만의 신앙적 추억으로 그치고 말 것이다.

그리하여 나의 어리석고 부끄러웠던 삶을 드러내고 나누는 것은 죽음을 두려워하는 사람들이나 죽음에 대해 불안한 마음을 떨치지 못하는 사람들에게 죽음을 막연히 두려워하고 있을 것이 아니라 죽음 너머로 갈 준비를 해야 한다고 전하고 싶은 간절함 때문이다.

"하나님이 하셨어"

죽음을 통과하는 과정에서 보고 느꼈던 것을 전해야 한다고 생각했으나 죽음 너머에서 느꼈던 평안과 기쁨을 나의 형편없는 글솜씨로는 나타낼 수 없는 것을 알기에 오히려 세미한 주의 음성에 귀 기울이며 주님이 주시는 지혜가 담기기를 기도할 수밖에 없었다.

글을 쓰기 시작했을 때도 끝까지 쓸 수 있을지 확신이 서지 않았다. 단어나 어휘, 구성이 적당한지 알 수 없을 뿐만 아니라 글 전체 내용도 두서없는 것이 내 눈에도 보였기 때문이다. 그리하여 일 년 반에 걸친 집필의 여정을 마쳤을 때 감사하는 마음으로 울컥하기도 했다.

    글쓰기를 마친 후에 원고를 어디로 보내야 할지 알아보려고 책꽂이에 꽂혀있는 책들을 보며 출판사를 참조해보기도 했으나 하나님께서 마음에 주시는 곳은 규장이었다.

    일단 규장에 원고를 보내고 난 후에 검색해보니 규장에서 출판되는 책들의 저자는 모두 훌륭하신 분들이었다. 그런 출판사에서 나 같은 실패자의 글은 심사를 통과하지 못할 것이 뻔히 보여서 괜한 짓을 했다는 마음이 들기도 했다. 내가 할 수 있는 것은 지난 일 년 반 동안 포기하지 않도록 지켜주신 하나님께서 원고를 읽는 분의 마음을 감동시켜 주시기를 기도하는 것뿐이었다.

    투고된 원고를 잘 받았다는 메일을 받았을 때도 의례적 절차라고 생각했기 때문에 큰 기대를 하지 않았다. 원고를 끝까지 읽어만 주어도 감사하다고 생각했다.

    그리고 며칠 후 출판사에서 연락이 와서 미팅 날짜를 잡을 때도 원고 내용에 확인해야 할 것이 있기 때문이라고 생각했다. 그리하여 출판사에 도착할 때까지도 담당 편집자와 원고 내용에 대해 나누게 될 것을 예상했다.

영상에서만 보던 대표님이 직접 맞아주실 때야 예기치 못한 일이 일어나고 있음을 알았다. 편집팀장님과 함께 우리 부부의 신앙과 믿음, 원고 내용에 대해 나눔의 시간을 가질 때도 잔뜩 긴장하여 내가 무슨 말을 하고 있는지 종종 놓치곤 했다.

집으로 돌아오는 길, 믿어지지 않는 사실에 아내와 나는 서로를 바라보며 거의 동시에 말했다.

"주님이 하셨어."

확신과 변화의 씨앗이 되기를

이 글은 그리스도인의 관점에서 썼지만, 그리스도인뿐만 아니라 비그리스도인도 읽을 수 있으면 좋겠다. 예전에 교회에 다닌 적이 있거나 다른 교인에게 받은 상처로 인하여 교회를 떠나있거나 아직 교회 문턱을 넘어보지 못한 사람들까지, 누구나 한 번쯤은 죽음과 죽음 너머에 대하여 의문을 품은 적이 있었을 것이기 때문이다.

처음에는 하나님을 믿지 않는 사람들에 대한 안타까운 마음으로 시작했지만, 청함을 받은 사람들을 향한 주님의 마음을 알게 되면서 가족과 지인들에게 상처를 주고 살아온 나 같은 인생의 실패자도 변할 수 있고 하나님의 은혜를 받을 수 있는 증거가 되기를 기도했다.

이제 내가 죽음 너머에서 돌아온 작은 증거가 누군가에게 이 땅 너머의 세상이 실제로 존재하고 있는 것과 하늘나라로 가기 위해서 준비해야 할 것이 있음을 알게 하는 변화의 씨앗이 되기를 바라는 마음이 간절하다. 하나님의 살아계심을 믿는 그리스도인에게 믿음의 확증이 되고, 아직 하나님나라에 대해 의심을 거두지 못한 사람에게는 겨자씨 같은 작은 변화의 씨앗으로 마음에 심겼으면 좋겠다.

    이 글이 세상에 나온다면, 유약하고 쓸모없던 내가 내 안에 있는 거룩한 영의 시선을 따라 끝까지 걸었던 증거가 될 것이다. 그날, 전혀 가보지 않은 영역에서 그분을 따라 맡겨진 소명을 완수한 기쁨을 누리게 되리라.

    하나님께서 깨진 질그릇 같은 내게 이렇게 큰 은혜를 베푸신 이유가 이 땅에서는 주님의 거룩함에 참여하게 하시고, 장차는 거룩한 성도가 거하는 천국으로 인도하시기 위해서라고 믿는다. 돌아보면 이 글을 쓰는 동안에 있었던 모든 일은 그것이 한겨울의 눈보라 속에서든 한여름의 무더위 속에서든 합력하여 선을 이루는 과정이었다.

"하나님, 깨어진 질그릇 같은 저를 버리지 아니하시고
사용하여주셔서 감사합니다."

김교준

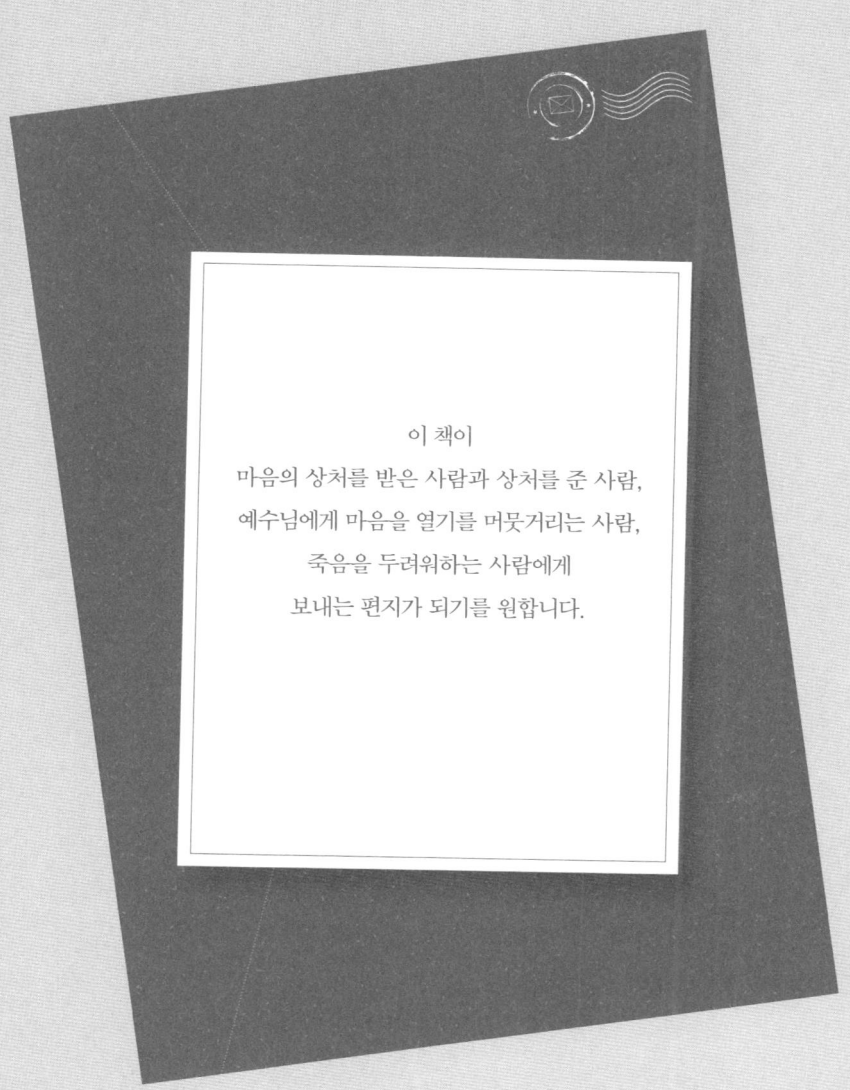

이 책이
마음의 상처를 받은 사람과 상처를 준 사람,
예수님에게 마음을 열기를 머뭇거리는 사람,
죽음을 두려워하는 사람에게
보내는 편지가 되기를 원합니다.

일러두기
- 이 책의 성경 구절은 개정개역을 사용하였으며 다른 버전일 때는 해당 역본을 표기했습니다.
- 이 책의 성경 구절은 축약된 구절의 표시를 생략했습니다.
- 일부 대화체 성경 구절의 인용 부호 사용은 저자의 강조에 따른 것입니다.

차례

추천의 글

프롤로그

1부 죽음 너머의 세상

　01 죽음 · 22

　02 그날 · 30

　03 돌려보내심 · 44

2부 가장 힘든 대화

　04 잃어버린 15년 · · · · · · · · · · · · · · · · · · · 60

　05 죄 · 74

　06 기만과 유혹 · 88

　07 회개 · 103

3부 마음의 상처와 치유

08 사랑과 믿음 · 120
09 가정 · 132
10 관계 · 147
11 동행 · 166

4부 배우고 준비하라

12 교회 · 182
13 그리스도인 · 196
14 거듭난 삶 · 211

에필로그

1부

죽음 너머의 세상

01 죽음

　열두 살 때쯤으로 기억한다. 한동안 죽음의 기운에 눌렸던 적이 있다. 아마도 길거리에 며칠간 방치되어 있던 시체를 가까이서 본 충격과 관련이 있을 것으로 추측되는데, 죽음의 두려움이 좀처럼 머릿속에서 지워지지 않았다. 죽음에 관심을 갖게 되면서 죽음과 관련하여 좀 더 알고 싶었지만, 주변의 어른들은 죽음에 관해 말하는 것을 피하는 듯 보였다.
　친척이나 지인들의 죽음을 가까이서 경험하는 나이가 되면서 알게 된 것은 다른 사람들도 내가 죽음을 두려워하는 만큼 죽음을 두려워하고 있다는 사실이었다. 그들은 죽음을 담담히 맞이해야 하는 것처럼 말은 했지만, 내면에 있는 두려움을 모두 가릴 수는 없었다.

사람들은 죽음을 생의 마지막이요 슬픔이며 아픔으로 받아들였고, 결국에 모두가 죽을 수밖에 없는 것을 알면서도 절대로 일어나서는 안 되는 일처럼 여겼다. 그래서 충분히 나이가 들고 병들어 죽을 때가 된 사람들의 죽음을 두고서도 슬퍼하는 것처럼 보였다.

죽음 너머에 무엇이 있을까? 세상 사람들이 말하는 것처럼 아무것도 없는 무의 상태가 되는 것일까? 아니면 다음 세상이 정말 존재하는 것일까?

그들이 믿고 싶어 하듯이 죽음으로 정말 모든 것이 끝난다면 육체적 죽음만으로도 슬픔과 아픔이 될 것이 분명하다. 이 세상이 우리가 영원히 살아야 할 곳이라면 죽음으로 관계가 단절되는 것은 슬퍼할 만한 충분한 이유가 될 것이다.

그러나 언젠가 반드시 이 땅을 떠나야 하는 날이 오는 것과 동시에 새로운 날이 시작되는 것을 안다면 죽음은 슬퍼해야만 할 일은 아니다.

많은 죽음을 지켜보았던 사람들에게서 죽음을 앞두고 있거나 죽는 순간을 목격한 여러 현상에 관해 증언을 들을 수 있다. 그들은 죽음을 앞둔 사람과 함께 있으면 그 죽어가는 사람이 영원에 들어가는 것을 실감한다고 말한다.

죽는 사람의 임종을 통해 다음 세상을 미리 엿볼 수 있다는 것이다. 죽음을 앞둔 사람이 이 땅을 떠날 때가 되었을 때 다음 세상을 보는 눈이 열리는 것을 볼 수 있고, 그가 다음 세상과 연결되는 초자연적 현상이 느껴진다는 것이다.

그들은 죽음을 앞둔 사람이 눈에 보이지 않는 사람들과 대화를 하는 것은 흔한 일이라고 한다. 임종을 앞둔 사람에게 지인이 죽었다는 사실을 알려주지 않았는데도 그 지인의 죽음을 알고 있다고 말한 경우도 있다.

어렸을 적 돌아가셔서 한 번도 본 적이 없는 엄마를 임종의 자리에서 알아보고 엄마를 부른 사람도 있다고 한다. 혈압이나 호흡이 잡히지 않아 의학적으로는 산 사람이 아닌데도 화해의 말을 전하거나 위로의 말을 전해줄 누군가가 올 때까지 목숨을 유지하는 사람의 이야기도 종종 들을 수 있다.

이렇듯 많은 임종을 지켜본 호스피스 종사자들은 죽음의 자리에서 초현실적 현상이 일어나는 것이 너무나도 자연스럽다고 말하지만, 죽음 너머의 세상을 인정하고 싶지 않은 사람들은 이러한 현상이 나타나는 것은 죽을 때 뇌에서 일어나는 화학작용의 결과로 환상을 보는 것이라고 폄훼하려 한다.

죽음을 부인하는 반응

사람들은 죽음이 주변에서 종종 일어나고 있는 것을 보면서도 죽음 너머에 대해 알려 하지도 않고 죽음을 준비하는 것에 관심이 없어 보였다. 그들은 죽음이라는 단어를 끄집어내는 것조차 쓸데없는 짓으로 여겼다. 그리하여 죽음이 멀지 않은 사람들까지도 죽음을 입 밖으로 내는 것을 피하는 분위기였고 그러한 행동은 죽음을 부인하는 것처럼 보이게 했다.

교인들 가운데도 세상 사람들과 구별되지 않는 비슷한 생각을 하는 사람을 만나는 것은 어렵지 않았다. 교회에서는 생명과 삶을 이야기하는 만큼이나 죽음을 이야기하지 않을 수가 없는데도 우리는 죽음에 대한 언급을 피한다. 죽음의 현장을 눈으로 보는 일이 많아진 세상에 살면서도 죽음을 외면하는 것은 닥쳐올 죽음의 문제를 해결하는 방법이 아니다.

또한 교인들 가운데 많은 사람이 천국의 실재로 인한 기쁨보다는 다가올 죽음의 두려움을 더 크게 느끼는 것 같았다. 그들의 관심은 주로 죽음이 다가올 때 어떤 심경이었는지, 죽음이 두렵지는 않았는지에 있었는데 이것은 죽음의 두려움에서 벗어나지 못한 것처럼 보였다.

어떤 사람들은 죽음을 불가피한 것으로 받아들이고 준비하기보다는 일단 부정한다. 그래서 죽음으로 모든 것이 끝이요 죽음 너머의 세상은 존재하지 않는 것처럼 말한다. 그들은 죽음과 동시에 TV 전원이 꺼지듯 모든 것이 암흑과 같이 되고 그 이후는 없다고 말한다.

그들은 언젠가 닥쳐올 죽음을 머리로는 인정하면서도 입으로는 부인하며 죽지 않을 것처럼 살아간다. 이러한 삶의 태도는 죽음에 대한 어떤 준비도 하지 않게 한다.

그러나 죽지 않을 것처럼 살면서 죽음 너머의 세상을 강하게 부인하는 것은 그만큼 그가 다음 세상을 의식하고 있으며 본능적으로 죽음에 대해 두려움을 느끼고 있다는 증거이기도 하다. 어떤 면에서 그들은 모든 것이 끝나는 죽음을 두려워하는 것이 아니라, 죽음 너머에 있는 다음 세상을 두려워하는 것인지도 모른다.

보이는 것만을 믿는 사람들의 마음속에 내재하는 불안감은 보이지 않는 하나님이나 영혼을 부정하게 하고 초자연적 세계를 부인하게 하지만, 그것은 죽음 너머에 있는 다음 세상을 두려워하고 있는 반증일 것이다.

그러므로 세상 사람들은 죽음을 담담히 평온하게 맞이하거나 죽음을 준비하도록 전하는 사람을 보면 이해하지 못하고, 이해되지 않는 그의 행동을 겉으로는 비웃지만, 마음속으로는 감당하기 어려워하고 있을지도 모른다.

죽음이 찾아오면 모든 사람은 죽음이 준비된 사람과 준비되지 않은 사람으로 갈라지는 것을 알았다. 모든 사람은 호흡이 멈추고 심장이 더 이상 뛰지 않을 때, 다음 세상으로 가는 자기 자신을 직접 보게 된다.

세상 사람들은 죽음의 문제를 꺼내는 것을 거부하고 다음 세상을 부정하지만, 이제 내가 다음 세상을 분명히 보고 온 이상 하늘나라로 갈 준비를 해야 한다는 것을 알리지 않을 수 없다.

모든 사람이 예외 없이 죽음과 동시에 두 갈래 길, 즉 천국과 지옥으로 갈라지는 것을 알게 되었으면서도 다음 세상을 준비하도록 전하지 않는다면, 나는 하나님의 뜻을 외면하고 도망간 책임을 피할 수 없게 될 것이다.

죽음은 외면하지 말고 준비해야 한다

이 땅으로 돌아온 후, 예배당에서 예배하는 것으로 만족하고, 봉사하는 것으로 만족하고, 친한 교인들끼리 친목하는 것으로 만족하고, 교회 프로그램에 맞추어 말씀을 배우고 성경 지식을 쌓는 것으로 만족했던 것이 오히려 예수님과 친밀히 교통하며 동행하는 믿음의 삶을 방해한 것은 아닌지 돌아보게 되었다.

교회 생활을 성실하고 원만하게 잘해옴으로써 삶 속에서 느끼는 그런 만족감이 내 몸과 마음의 평안함을 지탱해주면서, 오히려 내가 온전한 믿음 생활을 하도록 도전받지 못하고 안일함에 빠지게 했는지도 모른다는 생각이 들었기 때문이다.

지난날의 나는 사람들의 눈에는 믿는 사람처럼 보였겠지만, 실제로는 어려운 일이 닥치면 보이지 않는 하나님보다는 도움이 될 만한 사람이 먼저 생각났고, 일이 뜻대로 순탄하게 잘 풀릴 때는 그것이 마치 내 노력과 내 힘으로 된 양 하나님을 뒷전으로 밀어내기 일쑤였다.

또한 하나님을 주님으로 섬기는 것이 아니라 내가 만들어놓은 틀 속에 가둠으로써 그분을 내가 원하는 것을 뒤치다꺼리나 해주는 분으로 취급하곤 했다. 그리하여 기도의 응답이 없을 때면 하나님의 살아계심을 의심함으로써 입술로는 하나님을 믿는다고 하면서도 행위로는 부정했던 것이다.

돌아보면 중요한 결정을 해야 하는 순간마다 내 생각을 앞세우고 살아계신 하나님을 온전히 신뢰하지 않았기 때문에 하나님의 말씀은 내게서 능력이 되지 못했다. 그리하여 하나님의 빛 가운데 섰을 때 하나님을 믿는다는 입술의 고백이 거짓으로 판명되어 엄청난 두려움이 될 수 있다는 것도 알게 되었다.

죽음을 두려워하는 사람들이나 죽음을 생각하며 불안한 마음을 떨치지 못하는 사람들에게 나의 어리석고 부끄러웠던 삶을 드러내고 나눔으로써, 죽음을 막연히 두려워만 할 것이 아니라 죽음 너머로 갈 준비를 해야 함에 눈뜨는 변화가 일어나기를 소원한다. 천국은 꿈이나 환상이 아니라 실제이기 때문이다.

나의 증언이 어떤 사람에게는 하나님과의 관계를 회복하는 기회가 될 것이다. 혹 어떤 사람은 죽음과 대면해서야 다음 세상으로 갈 준비가 되지 않았음을 알게 될 것이다. 그러나 정말 그렇게 되지 않기를 바란다.

하나님의 빛과 소금으로 구별된 그리스도인은 이 땅의 마지막 날이 가까워질수록 영원히 살게 될 본향을 향한 마음이 더욱 뚜렷해질 것이다. 이는 비록 우리의 겉사람은 늙어가지만 속사람은 날로 새로워지기 때문이고, 우리가 주목하는 것은 보이는 것이 아니라 보이지 않는 것이니, 보이는 것은 잠깐이요 보이지 않는 것은 영원하기 때문이다.

그러므로 우리가 낙심하지 아니하노니
우리의 겉사람은 낡아지나
우리의 속사람은 날로 새로워지도다
우리가 주목하는 것은
보이는 것이 아니요 보이지 않는 것이니
보이는 것은 잠깐이요
보이지 않는 것은 영원함이라

고후 4:16,18

02 그날

　나뭇잎이 붉고 노랗게 옷 갈아입던 2018년 시월의 어느 월요일, 평소와 다름없는 하루의 일과를 마친 후 집으로 돌아와 여느 때처럼 샤워를 마치고 아내와 식탁에서 담소하며 차를 마시고 있었다.

　갑자기 몸이 오슬오슬 떨리며 몸살 증세가 느껴졌다. 감기에 걸렸나 싶어 뜨거운 차를 연거푸 마시며 증세가 호전되기를 기대했지만, 오한 증세는 나아지지 않았고 배가 아프고 설사까지 했다. 아내가 전기장판의 온도를 높여주고 두꺼운 이불로 덮어주었지만, 상태는 점점 나빠졌다.

　오한으로 이를 꽉 물고 있어야 할 만큼 몸이 심하게 떨렸다. 심한 감기몸살에 걸렸다고 생각해 다음 날 아침, 가까운 동네 병원으로 갔다. 길가의 늘 보던 건물들이 왠지 낯설게 느껴지고 건물 벽이 꾸물꾸물 움직이는 것같이 보였다. 걷는 것이 어려울 만큼 온몸은 심하게 떨렸고 금방이라도 쓰러질 것 같았다. 문진과 혈압검사를 한 후에 의사는 패혈증이 의심된다며 큰 병원 응급실로 갈 것을 권유했다.

아주대병원 응급실로 가는 내내 아내는 말없이 운전했다. 응급실에 도착해서야 패혈증이 무엇인지 궁금해졌다. 그때까지 패혈증에 대해 한 번도 들어본 적이 없었고 어떤 병인지도 몰랐다. 몸이 너무 심하게 떨려 걸음을 내딛기도 어렵고, 말도 할 수 없는 최악의 상태였지만 패혈증에 대한 무지 덕분(?)에 마음이 두렵거나 불안하지는 않았다.

아주대 응급실은 아침 시간인데도 응급실 안에 들어가지 못하고 병원 복도에서 병상에 누운 채 대기하는 사람들이 있을 만큼 혼잡했다. 패혈증 진단 소견서를 본 간호사는 혈액검사 등 몇 가지 검사 후 우선적으로 응급실로 들어가도록 조치해주었다.

간호사는 아내에게 내 곁을 지키도록 했고 내가 침상에 앉아 있지 못하게 했다. 화장실도 못 가게 해서 나는 옆으로 비스듬히 누운 채 소변을 보아야 했다. 아내는 소변이 콜라색이라고 걱정했다.

그날 저녁, 늦은 시간이었지만 예상보다는 이른 시각에 병실을 배정받았다. 병실에는 이미 비슷한 증상으로 입원한 환자들이 있었다. 그중에는 중환자실에서 일주일 이상 머물다 온 사람도 있었고, 패혈증에 의한 후유증으로 기억력을 부분적으로 상실하여 가족도 제대로 알아보지 못하는 환자도 있었다. 꼼짝없이 누운 채 보호자의 돌봄에 의지하고 있는 다른 환자들에 비하면 나는 상대적으로 괜찮은 편에 속했다.

입원한 지 사흘째 되던 날, 몸 상태가 호전되고 있음을 느낄 수 있었다. 전날까지도 혼자의 힘으로 일어나 걸을 수 없었고, 진료를 위해 이동할 때나 화장실에 갈 때면 휠체어를 이용해야 했으며 휠체어에서 일어서려면 아내의 도움을 받아야 했는데, 그날은 아내가 곁에서 허리를 붙잡아주기는 했지만 걸어서 화장실에 다녀올 수 있었다.

기분도 좋아져서 아내에게 다음 주에는 퇴원할 수 있을 것 같다고 말하고, 지난 며칠 동안 침상 옆에서 쪼그려 자며 병시중으로 고생한 아내가 편히 잘 수 있도록 집으로 보냈다.

맞은편 침상의 환자가 휠체어에 앉은 채 내 침상 앞을 지나갔다. 무표정하지만 검고 강인한 인상의 그 남자는 누구하고도 인사를 나누지 않았는데 그날 처음으로 눈이 마주치며 서로 가볍게 목례를 했다.

그날 새벽

그다음 날, 새벽 여섯 시가 되기도 전이었다. 모두가 잠들어있는 병실에 간호조무사가 들어와 나를 조용히 흔들어 깨우며 엑스레이(x-ray) 촬영이 있음을 알렸다. 아내의 도움 없이 혼자 걷기가 쉽지 않았지만, 링거대에 의지하여 조심스럽게 걸어서 지정된 곳으로 나갔다. 엘리베이터 앞에는 이미 여러 명의 환자가 나와 있었다.

간호조무사가 명부를 대조한 후에 환자들을 인솔하여 지하에 있는 방사선 촬영실로 내려갔다. 이전 날에는 같은 병동의 입원환자들이 함께 다녀왔는데, 그날은 내가 엑스레이 촬영을 끝내고 나왔을 때는 먼저 끝마친 사람들이 모두 병동으로 올라가 버려서 아무도 없었다.

사람의 그림자도 보이지 않는 병원 지하의 공기는 구겁게 느껴졌다. 엘리베이터 쪽으로 천천히 걸어갈 때 형광 불빛에 반사되는 벽이 투명한 물질을 통해 보는 듯 꾸물꾸물 움직이는 것같이 보였다. 엘리베이터를 타고 병동으로 올라올 때까지 한 사람도 눈에 띄지 않았다.

엘리베이터의 문이 열렸을 때, 파란 하늘이 펼쳐져 있는 높은 곳에 서 있는 듯했고, 예기치 않은 자유함이 나를 향해 밀려오는 듯했다.

병실로 가야 한다는 내면의 소리를 무시하고 엘리베이터 앞에 있는 긴 의자에 앉아 스마트폰에 연결된 이어폰 볼륨을 올리고 눈을 감았다. 찬양 소리가 머리 위에서 울려 퍼져나가는 듯했다. 머릿속에서는 지난 며칠 동안 병원에서 있었던 일들이 주마등처럼 지나갔다.

한 곡이 채 끝나기도 전에 흉통이 느껴졌다. 심하지는 않았지만, 전에는 경험한 적 없는 기분 나쁜 통증이었다. 두 손으로 가슴을 압박하며 자세를 편안하게 바꿔보기도 하고 의자에 누워보기도 하며 가라앉기를 기대했지만, 통증은 조금씩 심해졌고 정신을 잃고 쓰러질 것 같았다.

아무도 없는 이곳에서 쓰러지면 적절한 조치를 받지 못하게 될 것 같아 링거대를 붙들고 어렵게 간호 데스크 앞까지 갔지만, 간호사들이 분주하게 무엇인가 준비하는 것을 보고는 도와달라고 말하지 못하고 바닥에 쭈그리고 앉았다.

간호사가 나를 발견하고 "왜 그러느냐? 어디가 아프냐?" 하고 물어봐 줄 것을 기대했지만 그들은 내가 마치 투명 인간이라도 된 듯 아무도 눈길을 주지 않았다.

흉통이 예사롭지 않은 것을 느끼면서도 결국 도움을 요청하지 못하고 병실로 들어와 침상에 간신히 걸터앉을 때 갑자기 흉통이 심해졌다. 신음이 목구멍을 타고 넘어왔다. 신음은 곧 비명으로 바뀌었다. 두 손으로 가슴을 압박하고 비명을 지르며 뒹굴었다. 누군가 간호사를 불러주겠다고 하는 말이 들렸지만 대답을 할 수 없었다.

한 간호사가 왔다. 왜 그러느냐, 어디가 아프냐, 어떻게 아프냐고 물었지만, 비명을 지르는 것 말고는 할 수 있는 것이 없었다. 심장은 강하게 쥐어짜여 터질 것 같았다. 의사와 간호사들이 왔다. 의사가 어떻게 아프냐고 반복해서 물었다. 내가 대답을 못 하자 진료 기록을 보며 상황을 파악하려는 듯했다.

고통으로 비명을 지르는 가운데서도 머릿속으로는 긍정적인 생각을 하려 했다.

'괜찮아질 거야.'

그렇게 목구멍을 넘어오는 비명을 삼키고 있던 한순간, 되돌아올 수 없는 곳으로 가고 있다는 생각이 스쳐갔다. 죽음이 오는 것이 느껴졌다. 그때 가장 먼저 떠오른 생각이 회개였다.

회개할 동안만이라도 살려주세요

다급하게 하나님을 불렀다.

'하나님, 10분만 살려주세요.'

그전에 죽을 것 같았다.

'하나님, 5분만 살려주세요.'

다시 말했다.

'하나님, 회개할 동안만 살려주세요.'

어디서부터, 무엇을 회개해야 할지도 모른 채 절박한 마음으로 하나님께 매달렸다. 내 안에 육체의 생명이 꺼져가고 있는 것을 알았을 때 왜 가장 먼저 하나님이 생각났는지, 왜 회개해야겠다는 생각이 들었는지 모른다. 내가 죽어갈 때 회개의 마음을 주신 것도 하나님의 은혜였다는 것을 죽음 너머에서 돌아온 후에 깨닫게 되었다.

죽음 앞에서 가장 낮아진 마음으로 회개할 때, 그동안 내가 예수님을 어떻게 대했는지가 드러났다. 육신의 욕망으로 눈이 먼 마음은 하나님의 낯을 피해 도망 다녔고, 육신의 쾌락을 놓지 못하는 음란한 마음 안에는 예수님이 계실 자리가 없었다.

때로 예배당에 걸린 십자가를 바라보며 회개의 눈물을 흘리기도 했지만, 실제로는 오래도록 육신의 유혹을 이기지 못해 예수님을 밀어내고 낯선 사람처럼 대한 것이 내 믿음의 실체인 것이 드러났다.

무슨 근거로 그런 생각을 하게 되었는지 모르지만, 나는 죄를 많이 지었음에도, 내가 내 주변의 다른 사람들에 비해 상대적으로 죄를 덜 지었다고 막연하게 생각했다.

그러나 하나님의 빛 앞에 드러난 죄는 많은 정도가 아니었다. 셀 수 없이 많았다. 죽음과 나란히 걸으며 회개하는 동안, 거짓말하고, 도둑질하고, 다른 사람을 속이고, 상처를 주고, 마음을 아프게 한 것뿐만 아니라 음란한 마음으로 지었던 은밀한 죄들이 쏟아져 나왔다.

가운데서 꺼내면 모르실 줄 알고 엄마가 모아놓은 지폐 중 한 장을 꺼냈던 일, 친구의 지갑에서 돈을 훔쳐서 가장 친한 친구를 잃었던 일, 책을 산다고 거짓말하고 돈을 타냈던 일, 점심으로 먹으려고 산 햄버거를 행색 초라한 할머니가 달라고 했을 때 무시했던 일 등 기억하고 싶지 않은 크고 작은 죄들이 모두 떠올랐다.

나는 '비록 내가 거짓말을 하고 도둑질은 했지만, 강도짓과 같은 커다란 죄는 저지르지 않았다'라고 생각했다. 더구나 내가 살인자라고 생각한 적은 한 번도 없었다. 그러나 하나님께서 내가 유산시킨 아이를 생각나게 하신 순간, 너무 놀라서 숨이 턱 막히는 듯했다.

그 아이가 곁에 와 있는 것 같았다. 아이의 숨결이 귓가에 느껴지는 듯했다. 내 귀에 대고 무언가 속삭이는 것 같았다. 미안했다. 눈물이 났다.

'아가야, 정말 미안해.'*

육신의 생명이 꺼져가는 짧은 순간에 어떻게 이토록 많은 것이 드러나는지 놀라웠다. 하늘의 시간은 이 땅의 시간과 다른 것이 느껴졌다.

사랑하는 자들아 주께는 하루가 천년 같고

---

* 어떤 이유로 아기를 보내게 되었지만 죽음에서 돌아온 이후 "태아의 생몃을 파괴하는 행위는 태아를 만드신 하나님의 주권적 행사를 거부하는 것… 하나님의 충만한 은혜에 깃든 소망을 포기하여 자신의 창조물을 돌보는 하나님의 능력을 신뢰하지 않는 것"이라는 랍 몰(Rob Moll)의 글을 통해 그 죄를 깊이 깨닫게 되었다.

천년이 하루 같다는 이 한 가지를 잊지 말라

벧후 3:8

하나님, 나의 영혼을 받아주소서

아내가 생각났다. 죽기 전에 아내 손을 잡아보고 싶다는 생각이 강하게 들었지만, 아내는 지금 병원에 없다. 더는 아내를 볼 수 없다는 것이 믿기지 않았다.

내가 죽는다는 것이 실감이 나지 않았다. 내가 이 세상에서 없어지는 것이 믿어지지 않아서인지 지금 꿈을 꾸고 있는 것인지도 모른다는 생각이 들었다. 죽음을 부인하고 싶은 마음은 현실과 희망이 뒤섞이며 혼란스러워졌다.

그때 옆 병상의 환자를 돌봐주던 아주머니가 핸드폰을 내 귀에 대주었다. 수화기 너머로 아내의 놀란 목소리가 들렸다. 아내의 목소리를 듣는 것도 이제 마지막이라는 생각이 들자 눈물이 왈칵 솟았다. 마지막으로 무슨 말을 해야 할 것 같은데 온갖 생각이 한꺼번에 떠오르며 머릿속에서 뒤엉키기만 할 뿐 아무 말도 할 수 없었다.

아내에게 잘해준 것은 생각나지 않고 잘못한 것만 떠올랐다. 아내의 마음을 아프게 했던 것과 잘해주지 못한 것에 대해 얼마나 미안해하고 있는지 말하고 싶었다. 그러나 정작 아내에게 한 말은

"나 죽어, 사랑해"가 전부였다. 내 목소리가 떨리고 있는 것을 알 수 있었다.

연락을 받고 병원으로 오고 있는 아내는 내가 죽을 것이라고는 생각하고 있지 않을 것이다. 그러나 아내가 병원에 도착하기 전에 나는 죽을 것이다. 영혼이 떠난 나를 보며 아내는 무슨 생각을 할까?

긴급 처치실에서 의사와 간호사들이 나를 둘러싸고 무엇인가 조치를 취하는 동안, 사람들과의 관계가 정리되지 않은 채 남아 있는 것을 깨달았다.

이전에도 나에게 상처받은 사람들이 생각날 때마다 그것으로 인해 마음이 아프고 평안을 잃기는 했지만, 내가 상처를 주었던 사람들에게 진심으로 용서를 구하고 싶은 마음이 들었다.

죽음의 문턱에 섰을 때보다 더 겸손해진 마음은 없었다. 순전한 마음으로 회개를 마쳤을 때 마음에 남아 있던 욕망, 분노, 시기, 염려가 사라지는 것이 느껴졌다. 하나님께 고백했다.

"하나님, 이 죄인을 용서하여주소서."

마음이 평온해졌다.

"하나님, 나의 영혼을 받아주소서."

내가 이 모든 상황에서 멀어지고 있는 것 같은 기분이 들었다. 목을 통해 넘어오던 극심했던 고통이 어느새 사라진 것을 깨달았다.

"피가 나오지 않아요."

채혈하던 간호사의 목소리와 이어 의사가 간호사에게 무엇이라 지시하는 것이 내가 이 세상에서 들은 마지막 말이 되었다.

제대로 배웠어야 할 기도

비현실적인 일이 일어나기 시작했다. 침상에 누워있는 내 몸이 들썩거렸다. 위로 올라간다고 느꼈다. 내가 천천히 공중으로 올라갔다. 지금 이 상황이 이편 세상에서 일어나고 있는 일인지 다음 세상의 일인지 분간할 수가 없어 당혹스러웠다.

남겨진 내 몸을 둘러싸고 황급히 조치하는 의사와 간호사들을 남겨둔 채 차츰 그들에게서 멀어져갔다. 그제야 내가 죽음 너머에 있다는 것을 알았다. 그 순간 허무함이 밀려 들어왔다.

헛되고 헛되며 헛되고 헛되니 모든 것이 헛되도다

전 1:2

인생이 헛되다고 고백한 솔로몬의 고백이 그대로 나의 고백이 되었다. 죽음 너머로 가면 왜 솔로몬이 인생이 헛되다고 고백했는지, 세상의 모든 것을 가졌고 화려한 삶을 누렸을 솔로몬이 왜 그렇게 고백할 수밖에 없는지 저절로 알게 된다.

죽음 너머에 이르면 이 땅에 남겨놓은 것들, 소중한 것들, 아끼고 욕심껏 쌓아놓았던 것들, 남모르게 숨겨놓은 돈까지 모든 것이 내 것이 아님을 실감하게 되고, 이 세상에서 탐욕의 탑을 쌓으며 치열하게 사는 것이 얼마나 부질없는 짓인지도 알게 된다. 그제야 이 땅에 있을 때는 귀담아듣지 않았던 예수님의 말씀을 깨닫게 된다.

너희를 위하여 보물을 땅에 쌓아두지 말라
오직 너희를 위하여 보물을 하늘에 쌓아두라
마 6:19,20

이 세상에 살 때 보물은 이 땅의 것이고, '내일을 대비해서' 이 땅에 보물을 많이 쌓아놓아야 한다고 생각했다. 그런데 정작 다음 세상에 오면 육신을 위해 쌓아놓으려고 몸과 마음을 괴롭힌 모든 것이 헛되고 쓸데없는 짓임을 실감하게 되고, 그제야 자녀에게 남겨주어야 할 유산이 믿음인 것을 깨닫게 된다.

내가 살면서 염려와 걱정에서 벗어나지 못한 것이 하나님을 신뢰하지 않았기 때문이고, 또한 하나님 없이 사는 모든 것이 헛된 것임을 알게 된다. "하나님을 떠나서 행하는 모든 것이 죽은 행실"이라고 했던 오스왈드 챔버스의 지적은 옳았다. 그는 하나님 없이 하는 것은 기도, 설교, 전도, 선행, 희생이라 할지라도 생명을 방해하는 죽은 행실이라고 했다.

하늘나라에 가면서도 남겨진 가족이 생각났다. 아내와 아이들을 위해 할 수 있는 것이 아무것도 없음을 실감하면서 이 땅에 있을 때는 하지 못했던 온전한 기도를 하게 되었다.

"하나님, 사랑하는 아내와 아이들을 주님 손에 맡기나이다."

하나님을 신뢰하는 이 기도를 저 땅에 있을 때 제대로 배웠어야 했다는 생각이 들었다. 죽음 너머에서도 이 땅에 있을 때처럼 온전한 몸을 하고 있다는 것과 이성적으로 생각을 하는 것이 신비하기도 하고 당황스럽기도 했다.

공중에서 걷는 듯 떠가는 듯 어디론가 향해 가고 있었다. 밝고 빛나는 하얀 구름이 온 하늘에 가득했다. 은빛 구름이 사방에서 벽을 이루어 나를 둘러싼 곳에 이르렀을 때 구름 터널 안쪽 밝고 빛난 구름기둥 앞에 흰옷을 입은 천사가 있었다.

내 앞에 펼쳐진 하늘나라의 경이로움과 아름다움에 떠나온 세상은 어느새 잊혔다. 하늘나라는 빛이다. 이 세상의 빛과는 다른 밝고 빛난 빛이 하늘나라에 가득했다. 빛이 빛을 구별했다. 하늘나라를 덮고 있는 이 빛은 하나님의 임재를 나타내는 것이란 생각이 들었다.

하늘나라의 모든 것, 평안과 기쁨까지도 이 세상의 것과는 비교할 수 없을 만큼 다르게 느껴졌는데 이는 하나님의 거룩한 빛은 회

전하는 그림자조차 없으시기 때문이라는 말씀이 생각났다.

온갖 좋은 은사와 온전한 선물이
다 위로부터 빛들의 아버지께로부터 내려오나니
그는 변함도 없으시고 회전하는 그림자도 없으시니라

약 1:17

03 돌려보내심

눈이 떠졌다. 아내의 슬프고 놀란 눈이 커다랗게 보였다. 내게 입맞춤하고 있는 아내의 입술을 느낄 수 있었다. 아내를 다시 볼 수 있는 기쁨과 동시에 내가 왜 하늘나라에 머물지 않고 여기에 있는지 혼란스러웠다.

'왜 돌려보내셨을까? 내가 천국에 머물 자격이 없어서일까?'

이 혼란스러움은 한동안 머릿속을 떠나지 않았다. 죽음 너머에서 돌아왔을 때 나는 왜 내가 하나님의 집에 머물러 있지 않고 이 땅으로 돌려보내졌는지 묵상하지 않을 수 없었다. 그러나 내가 이 땅으로 보냄을 받았다는 것만큼은 분명했다.

하늘나라를 보고 돌아온 후 세상을 보는 시선에 변화가 있었다.

처음에는 이 세상이 유혹도 시험도 없는 듯 깨끗해 브였고 어둠의 영이 사라진 것처럼 환하고 밝아 보였다. 세상은 평화롭고 아름다웠다. 햇빛은 고운 금빛 가루를 공중에 뿌려놓은 듯 반짝이며 땅에 떨어졌고, 나뭇잎 하나하나는 창조의 색조를 나타내고, 새들이 지저귀는 소리는 노랫가락이었다.

그러나 시간이 흐르자 이 땅의 평안과 기쁨은 점차 희미해지고 퇴색되었다. 햇빛이 비치는 곳에는 어두움이, 기쁨 뒤에는 슬픔이, 평안 뒤에는 아픔이 보였다.

마음에 상처가 있는 사람들이 보였다. 마음의 상처로 아파하는 사람들을 안아주고 위로하고 치유와 회복을 위해 기도해주고 싶었다. 이 땅으로 돌아온 후 크게 깨닫게 된 것은 그리스도인에게는 육신의 병보다 마음의 병을 치료하는 것이 훨씬 더 급하고 중요한 일이라는 것이다.

그런데도, 상처를 준 사람이나 받은 사람 둘 다 그 상처를 치료하는 일에 그다지 신경을 쓰지 않는 것처럼 보였다. 육신의 병보다 마음의 병이 영혼에 훨씬 더 영향을 미치는데도 사람들은 눈에 보이는 육체의 병에 더 신경을 쓰는 것 같았다. 육신의 병은 치료해도 다시 병들고, 영혼이 떠나가면 병든 몸은 이 땅에 남겨두고 갈 껍데기에 불과한데도 말이다.

몸은 영혼을 담은 껍질일 뿐이다. 그러므로 육신을 위해 사는 사람은 육신과 더불어 죽는다. 예수님의 부르심을 듣고 무덤에서 제 발로 걸어 나왔던 나사로는 다시 죽었고, 육신의 죽음을 체험했던 사람들도 모두 다시 죽을 것이다.

이 세상이 전부라고 생각하는 사람들, 하나님을 알지 못하는 사람들이 안타까웠다. 죽음이 끝이 아니라 다음 세상이 정말 있음을 알려주고 싶고, 그들에게 하늘나라로 가는 길을 알려주고 싶었다. 혼자만 알고 있기에는 너무 아까운 하나님나라의 영광을 보고 왔음에도 이 사실을 알리지 않는다면 이 땅으로 돌려보내신 하나님의 뜻을 외면하는 것은 아닌지 하는 마음이 들기도 했다.

그리하여 세상 사람들에게 죽음과 동시에 다음 세상이 시작된다는 것, 그리고 하나님의 광채로 가득한 하늘나라가 꿈이나 환상이 아니라 실제인 것을 전하는 것이 하나님이 원하시는 것이 아닐까 하는 생각이 언뜻 떠올랐다.

그러나 사람들 앞에 서면 말도 잘하지 못하고, 글도 제대로 써본 적이 없는 나로서는 그런 생각을 하는 것만으로도 부담스러웠다. 죽음 너머에서 깨달은 것들이 뒤죽박죽 얽힌 채 정리가 되지 않았고, 어디서부터 어떻게 시작해야 할지 감조차 잡히지 않았다. 내 능력으로는 도무지 감당해 낼 것 같지 않아서 이런저런 핑계를 대며 글 쓰는 것을 미루었다.

탕자를 기다리는 아버지의 절대적인 사랑

하나님의 뜻을 물으며 시간을 거슬러 올라가면서 그분의 절대적 사랑을 전해야 함을 깨닫게 되었다. 이것은 하나님의 처음 사랑을 잊어버리고 세상의 넓은 길을 걷고 있는 그리스도인이 회개하고 돌아오기를 기다리는 하나님의 안타까운 마음이었다. 이 절대적 사랑은 청함을 받은 그리스도인을 향한 하나님의 마음인 것을 알았다.

어느 탕자의 이야기다. 둘째 아들의 눈에 보이는 울타리 너머 세상은 재미있는 것으로 가득해 보였다. 한 번뿐인 인생은 네 것이니 네 맘대로 멋지게 살아보라고 손짓하는 듯했다. 늘 좁은 길로 인도하는 아버지의 잔소리를 피해서 세상 사람들처럼 자기 마음대로 살아보는 삶을 꿈꾸는 것은 마음을 설레게 했다. 누구에게도 구속받지 않고 사는 것은 자유롭고 행복할 것 같았다.

결국 둘째 아들은 자기 뜻대로 살아보고 싶은 욕구를 이기지 못하고 아버지에게 자기 몫의 유산을 미리 달라고 요구했다. 그러나 아버지의 집을 떠나 세상으로 나가서야 세상은 육체적인 욕심과 욕망의 바벨탑을 쌓는 탐욕의 전쟁터인 것을 알았다.

마침내 그가 가진 것을 다 잃고 빈털터리가 되자 세상 친구들은 하나씩 그를 떠나갔다. 그는 온갖 궂은일을 하면서 자존심을 지키고 버텨보려 했으나 남은 것은 마음의 상처와 망가진 몸뿐이었다. 모든 희망을 잃고 벼랑 끝에 섰을 때, 아버지가 하신 말씀이 기억났다.

"나는 네가 돌아오기를 기다릴 것이다."

집을 떠날 때 하셨던 아버지의 약속을 믿고 용기 내어 집으로 돌아오자 아버지는 뛰어나와 맞아주셨다. 그가 아버지에게 무릎을 꿇고 용서를 빌었을 때, 아버지는 지난날의 모든 죄에 대해 아무것도 묻지 않았다.

아버지 곁을 충성스럽게 지켰던 맏아들은 아버지가 동생에게 재산을 떼어줄 때부터 마음에 들지 않았다. 세상 물정 모르는 동생이 유산으로 받은 많은 돈을 모두 탕진할 것은 불 보듯 뻔했기 때문이다. 그는 동생이 정신 차리도록 화를 내거나 야단치지 않고 동생의 몫을 선뜻 내주는 아버지도 이해할 수 없었다.

어느 날 예상했던 대로 동생이 거지 몰골로 나타났다. 그런데 아버지는 화를 내며 쫓아내기는커녕 기다렸다는 듯 기뻐하며 맞아주고, 지인들을 초대해 잃었던 아들이 돌아온 것을 축하하는 잔치까지 열어주었다. 이것을 지켜보는 맏아들의 마음은 몹시 언짢았다.

오랫동안 맏아들의 마음으로 살았던 나는 제멋대로 행동하는 동생에게 화가 나고, 재산을 탕진하고 돌아온 철없는 동생을 맞이하는 아버지에게 불만을 감추지 않는 맏아들에게 공감했다.

거지와 같은 몰골로 돌아온 동생을 불쌍히 여기기보다는 동생이 망가진 것이 자업자득이라고 비난하고, 돌아온 동생 때문에 자기 몫의 재산이 줄어들지는 않을지 걱정하는 맏아들의 속마음이 나와 다를 바 없었다.

그러나 하나님은 내가 겉으로는 순종하는 체해도 속마음은 세상을 기웃거리고, 입으로는 하나님을 사랑한다고 말하면서도 실은 세상이 주는 즐거움에 미련을 가진 자임을 드러내셨다. 조신한 척했지만 육신의 욕망을 좇은 탕자는 다름 아닌 나 자신이었다. 만일 내가 동생을 미워하고 정죄하듯 하나님께서 나를 심판하셨다면 나는 용서받지 못했을 것이다.

내가 탕자인 것을 알기 전에는 하나님께서 탕자가 돌아올 수 있도록 밤낮으로 문을 열어놓고 기다리시는 것이 얼마나 큰 사랑이요 은혜인지 몰랐다. 언제든지 회개하고 돌아올 수 있도록 문을 활짝 열어놓으신 것은, 누구나 탕자가 될 수는 있지만 모두가 돌아온 탕자가 되는 것은 아니기 때문이다.

나는 예수님이 "죄인 한 사람이 회개하면 하늘에서는 회개할 것 없는 의인 아흔아홉으로 말미암아 기뻐하는 것보다 더하리라"(눅 15:7)라고 하신 말씀을 이해하지 못했다. 그러나 나의 회개를 기쁨으로 받으신 하나님의 사랑을 통해, 탕자가 돌아오기를 기다리시는 하나님의 사랑은 절대적인 것을 알았다.

요나의 심정

세상 사람들에게 다음 세상의 실재를 전하는 일이든, 교인들에게 하나님과의 관계 회복을 전하는 일이든, 육신의 정욕에 빠져 하나님의 시선을 피해 오랫동안 도망 다녔던 내가 다른 사람에게 회개를 말하는 것은 너무나도 부담스러운 일이어서 또다시 도망치고 싶었다.

그때 요나가 생각났다. 하나님의 낯을 피하여 도망갔던 그의 마음을 알 것 같았다. 죽은 것과 다름없는 어둠의 시간을 통과한 후에 어쩔 수 없는 심정으로 니느웨로 가서 회개를 외치기는 했지만, 악한 자들이 회개하고 용서받기보다는 심판받기를 바랐던 요나의 속마음도 이해할 수 있었다.

앗수르 사람들이 북이스라엘에 저지른 죄로 심판받기를 원했던 요나에게 용서와 사랑을 전하게 하신 하나님이 내게 무엇을 전하게 하시려는지를 알았다. 돌아오기를 기다리시는 하나님 아버지의 사랑을 세상의 거짓된 삶을 좇느라 좁은 길 걷기를 잊어버린 그리스도인들에게 전하기를 원하셨다. 그러나 내가 받은 은혜와 사랑을 전하기 위해서는 필연적으로 나의 부끄러운 죄를 먼저 드러내야만 하는 것을 알기에 선뜻 대답할 수 없었다.

이제 다시 세상으로 나가면 죽음의 문턱에서 깨달았던 것들을 잊고 예전으로 돌아가지는 않을까 걱정이 되기도 했다. 이 세상은 여전히 삶의 숱한 먹구름으로 하나님의 빛을 가리며 진리를 부인하도록 속이려 들 것이고, 나의 연약한 육신은 주변 환경이나 세상 사람들에게 계속 미혹당할 것이 분명하기 때문이다.

성도들이 하늘나라의 영광을 바라보고 있어도 악한 영은 이 땅의 마지막 날까지 성도들의 눈과 귀를 가리고 이 땅에서 보화를 찾도록 유혹할 것이다.

그러나 때로 육신의 연약함으로 주님을 놓치거나 미혹에 흔들리거나 넘어질 때가 있을지라도, 거룩한 영으로 거듭난 그리스도인이 최후의 승리를 거둘 수 있는 것은 우리를 대신해 못 박히신 예수님의 손바닥에 남아 있는 선명한 못 자국을 기억하고 주님께로 돌아올 수 있기 때문이다.

세상과 구별된 좁은 길을 걷는 것이 얼마나 어려운지 하나님의 사람 엘리야도 낙심하게 할 정도였다. 그러나 그가 오직 자기 혼자만 남았다고 탄식할 때도 바알에게 무릎 꿇지 않은 칠천 명이 남아 있었듯이, 지금도 넓은 길, 좋은 길을 걷도록 유혹하는 이 세상에 무릎 꿇지 않고 예수님을 따라 구별된 길, 좁은 길을 걷는 그리스도인들이 하나님이 세우신 곳에서 빛을 비추는 것을 볼 수 있다.

믿음의 선진이 이 땅에 염려할 것과 불만거리가 없어서 걱정과 불평을 하지 않은 게 아니다. 그들은 풍요로울 때뿐만 아니라 지독하게 가난하고 눈물 나게 어려울 때도 감사드렸다. 그분들에게서 믿음이 실제가 되는 삶이 되어야 함을 배웠고 이것이 하나님께서 원하시는 그리스도인의 삶인 것을 깨달았다.

그리하여 그리스도인은 영으로 육신을 다스리며 사는 증거자가 되기 위해 예수님과 동행하는 훈련을 해야 한다는 것을 알았다. 일찍부터 예수님이 내 마음에 계신 것을 배우고, 머리로 믿는 단계를 넘어 예수님이 내 안에서 나를 통해 일하시는 것을 믿는 믿음이 실제가 되게 했으면 얼마나 좋았을까 하는 아쉬움이 크다.

일상 가운데 일이 잘되고 형통할 때뿐만 아니라 화가 나거나 상처를 받거나 앞이 보이지 않아 두려움이 엄습할 때나 불평이 올라올 때 마음을 지킬 수 있는 것은 내 마음에 계신 예수님 덕분인 것을 이제야 알게 되었기 때문이다.

예수님의 시선을 느끼며 사는 것, 예수님과 함께 사는 것이 무엇인지 좀 더 일찍 알았더라면 갈림길에 설 때마다 예수님에게 길을 묻고 그분의 응답에 귀를 기울이며 사는 믿음의 길을 걸었을 테고, 하나님을 신뢰함으로 열매를 많이 맺었을 것이다.

그러므로 내가 그랬던 것처럼 예수님을 지식으로 알고 있거나 머릿속으로만 믿고 있는 사람들이 있다면 예수님이 마음에 계신 것을 믿는 믿음이 되기를 간절히 바란다.

죽은 사람이 살아와도 듣지 않을 수 있다

초등학교 2학년인가 3학년 때로 기억한다. 산등성이에 걸쳐있는 무지개를 잡으러 친구들과 같이 간 적이 있다. 처음에는 왁자지껄 요란하게 집을 나섰지만, 그날 배고프고 지친 채 돌아온 기억밖에 없다. 만약 내가 무지개를 잡겠다고 집을 나서는 것을 누군가 알았더라면, 그는 당연히 말렸을 것이다. 무지개의 실체를 알고 있기 때문이다.

때때로 천국을 봐야만 믿겠다는 사람을 만나게 된다. 그러면 나는 나의 어릴 적 무지개 이야기를 들려준다. 만일 누군가 천국을 눈으로 직접 확인하겠다고 육신의 죽음을 경험해보려 한다면 나는 당연히 말릴 것이다. 천국의 실재를 알기 때문이다.

항상 의심의 꼬리를 물고 늘어지는 내 성격상 브이지 않는 세상에 발을 들여놓는 과정은 쉽지 않았다. 그러므로 누구보다 의심 많던 내가 눈에 보이지 않는 다음 세상으로 가는 길을 전하는 것은 아이러니하다.

내가 천국을 증언한다고 해서 누구나 의심 없이 받아들일 것이라고는 생각하지 않는다. 내가 걸었던 길고 긴 의심의 터널을 그들도 지날 수 있는 것을 누구보다 잘 알기 때문이다.

교회에 다니면서도 천국을 의심하는 사람이 있지만, 천국에 가보지 않았음에도 천국을 본 것 같은 믿음으로 사는 그리스도인도 있다. 그런 사람을 만나는 것은 언제나 감동을 준다. 나는 죽음을 체험하기 전에는 그런 믿음을 갖지 못했기 때문이다.

누가복음 16장에 부자와 나사로 이야기가 나온다. 부자는 풍요로운 삶을 누렸고 나사로는 가난하게 살았다. 그들은 같은 동네에서 살다가 두 사람 모두 육의 생명이 죽은 후에 부자는 음부에 가고 나사로는 낙원으로 갔다.

음부에서 고통당하던 부자는 낙원에 있는 아브라함과 나사로를 알아본다. 부자는 아브라함을 실제로 본 적이 없지만 하늘나라의 몸을 입은 아브라함을 알아보고, 나사로를 세상으로 돌려보내어 자기 형제들에게 천국과 지옥이 있음을 증언해주기를 아브라함에게 간청한다.

"나사로를 내 아버지의 집에 보내소서 만일 죽은 자에게서 그들에게 가는 자가 있으면 회개하리이다"(눅 16:27,30).

부자는 이 땅에 남아 있는 자기 형제들을 걱정하며 그들이 음부에 오지 않기를 바라는 마음을 보여준다. 죽음 너머에 있는 자가 이 땅에 남은 자를 걱정하고 간청하는 것을 통해 다음 세상에서도 이 세상과 같이 보고, 느끼고, 말하고, 듣고, 괴로워할 수 있고, 이성도 있음을 알 수 있다.

하지만 아브라함은 이미 이 땅의 사람들이 어떻게 반응할지 알고 있었다.

"비록 죽은 자 가운데서 살아나는 자가 있을지라도 권함을 받지 아니하리라"(눅 16:31).

전에 나는 아브라함의 말에 공감하지 않았다. 죽었던 사람이 살아나서 다음 세상이 있음을 전하고 낙원의 평안과 음부의 고통을 증언하면 사람들이 충격을 받고 회개할 것으로 생각했다. 그러나 예언과 같은 아브라함의 이 말은 부자와 나사로 때뿐만 아니라 지금도 그대로 입증되고 있는 것을 볼 수 있다.

보이지 않는 세상을 전하는 것이 어렵다고 느낄 때가 있다. 사후 세계와 천국의 실재를 전하면 세상에 취한 사람들은 귀담아들으려 하지 않는다. 아마도 그들에게 죽음 너머의 세상은 그저 꾸며낸 허구로 들리기 때문일 것이다.

그들의 닫힌 마음으로 인해 낙담하지만, 그들의 그런 모습은 지난날의 내 모습이기도 하다. 그런 면에서 말씀을 의심하던 내가 천국의 증인이 된 것은 주님의 은혜다.

이제 다음 세상을 믿고 싶지 않은 사람들이 모두 일어나 나를 향해 대적의 나팔을 불지라도 내가 조금도 요동하지 않을 것은 예수님이 내 마음에 계시기 때문이요 그리스도인의 본향인 하늘나라의 영광이 사실인 것을 분명히 알고 있기 때문이다.

언제든 누구에게든 복음을

죽음에서 돌아온 후 3주쯤 지났을 때 그가 세상을 떠났다는 연락을 받았다. 패혈증으로 입원했을 때 같은 병실 맞은편 침상에 있었던 그 남자 환자다.

얼굴이 검고 인상이 강인하고 입이 무거웠던 그를 떠올리면 딸의 간호를 받으며 휠체어에 앉아 꼼짝하지 않은 채 몇 시간이고 복도 창문 너머를 내다보던 모습이 생각난다.

그는 틈만 나면 병실을 빠져나가서 병동 복도 끝에 있는 커다란 창문을 통해 가을빛으로 물들어가는 대학교 교정을 내다보며 몇 시간이고 꼼짝하지 않고 휠체어에 앉아 있곤 했다. 병색이 완연한 그의 얼굴에는 많은 사연이 있어 보였지만, 마치 수행자처럼 앉아 있는 그에게 말을 걸 수 있는 분위기가 아니었다.

그 새벽, 패혈증에 의한 심정지로 내가 죽어가는 것을 지켜보았던 그는 내가 긴급 처치실에서 살아서 돌아오자 먼저 인사를 건넸다. 그때부터 틈이 날 때면 조금씩 대화를 할 수 있는 기회가 생겼다.

그는 지난날 후회로 남아 있는 기억들을 끄집어내어 털어놓았고 나는 그의 아픔을 말없이 들어주었다. 마음을 조금씩 열어준 그에게 교회와 예수님에 대해서 조심스럽게 꺼낼 수 있게 되었고, 주일 날에는 병원 교회에서 주최하는 예배에 함께 참석하기도 했다.

내가 퇴원한 지 얼마 되지 않아서 그의 부고 소식이 전해졌다. 간

병하던 딸이 점심을 먹기 위해 자리를 비운 사이에 그에게 심정지가 일어났다고 했다.

장례식장에서 만난 그의 가족들, 특히 그 딸은 아버지의 죽음의 책임이 자기에게 있다고 생각하고 몹시 슬퍼했다. 아내는 그 딸을 꼭 안아주었다. 마치 네 잘못이 아니라고 말해주듯이. 그리고 그녀에게 예수님을 잘 믿으라고 말해주었다고 했다.

퇴원하고서도 그가 생각날 때면 그의 영혼을 위해 기도했었다. 환자로 만났지만 만남을 허락하신 것도 주님의 뜻이라 생각하고 예수님을 전했는데 그렇게 빨리 갈 줄은 몰랐다. 그때 병원 복도에서 조금 더 적극적으로 예수님을 전하지 못한 것으로 마음이 무거웠다.

이 일을 통해 때를 얻든지 못 얻든지 복음을 전하는 것이 얼마나 중요한지 새삼 깨달았다. 삶으로 말씀으로 하나님의 나라를 힘써 전하는 믿음의 용사 되기를 기도했다.

2부

가장 힘든 대화

04 잃어버린 15년

간음하는 사람은 따로 있는 줄 알았다. 외도는 육체의 쾌락을 좇아 세상을 기웃거리는 사람들이 저지르는 것이라고 생각했다. 그러나 한 번의 시선으로 마음에 빈틈이 생기고, 한 번의 만남이 간음으로 가는 길목에 들어서게 하는 것을 간과했다.

유혹 앞에서 흔들리고 있는 사람이나 유혹에 맥없이 무너지는 사람들의 어리석음은 너무 잘 보였다. 그럴 때면 그들이 유혹을 이기도록 조언하기도 했지만, 막상 내가 유혹 앞에 서자 내 믿음의 방패는 사라져버렸고 나는 아무 저항도 하지 못했다.

다른 여자가 마음에 들어오려 할 때 시선을 돌려 하나님을 바라봐야 하는 것을 알면서도 그러지 않았다. 솔직히 말하면, 그리고 싶지 않았다. 그 여자가 마음에 들어오도록 허용하면 안 되는 것을 알면서도 마음 한편에서는 이미 수용하고 있었다.

유혹의 힘은 너무 강하여 그녀를 바라보는 시선만으로도 마음의 벽은 허물어졌고, '커피 한 잔쯤이야'라는 생각은 이미 유혹을 이길 힘을 잃었다. 일탈이 줄 것 같은 달콤함에 빠진 마음은 유혹의 결과가 가져올 두려움을 잊어버리게 했다.

일탈의 시작

오래전 지방으로 이사했을 때 새로 등록한 교회에서 예배 반주를 하는 한 자매님이 눈에 들어왔다. 주일날 교회에서 마주칠 때면 가볍게 인사하는 정도였지만, 그녀가 내 아들이 소속된 교회학교에서 봉사하게 되면서 좀 더 자주 마주치게 되었고 짧은 대화를 할 수 있는 기회도 생겼다.

그러던 어느 날, 그녀에게 내 전화번호를 건네주며 커피 데이트를 제의했다. 그렇게 해서 40대의 유부남과 20대 미혼 여성이 사람들의 눈을 피하여 만나기 시작했다.

처음에는 순수한 마음으로 잠깐 차를 마시며 대화하는 정도여서 이것이 문제가 될 거라고는 전혀 생각지도 못했다. 그러나 개인적으로 만나 대화를 나누다 보니 서로 마음을 털어놓게 되고 그러다

보면 상대방을 이해하는 말과 위로하는 말을 하게 되면서 가까워질 수밖에 없었다. 나중에 깨닫게 된 것이지만 차를 마시는 만남을 갖는 정도는 괜찮다고 생각한 것은 나 자신을 속이는 변명이었다.

차츰 만나는 횟수가 늘면서 감정적으로 친밀해지고 신체적으로도 가까워지는 것을 막을 수 없었고, 육신의 정욕에 눈먼 자아는 이것을 사랑으로 포장했다. 그녀와의 만남은 새로운 세계로 들어가는 문을 여는 듯했다. 매일 똑같은 일상에 지쳐있던 마음에 신선함이 채워지는 듯했다.

그녀와 데이트를 시작했을 즈음 아내가 둘째를 임신했다. 그토록 기다린 아기 소식이었지만 여자에게 빠진 마음은 아이가 걸림돌이 될 것 같아 아내에게 지우라고 할 정도로 망가져 있었다. 절망감에 사로잡힌 아내는 병원에 가기 전 하나님 앞에 무릎 꿇고 기도했고, 응답을 받았다고 한다. 하나님께서 둘째를 살리셨다.

둘째가 태어나는 날도 그 여자와의 데이트 약속이 잡혀 있던 나는 아내 곁을 지켜주지 못했다. 그러면서도 사람들과 교인들에게는 모범적인 가장이고 아빠처럼 보이게 했다.

마음을 사로잡을만한 이성이 눈에 들어왔을 때 그 뒤에 숨어있는 사탄을 볼 수 있는 영의 눈을 떠야 했다. 그러나 유혹은 너무 매혹적이어서, 만일 숨어있는 사탄을 보았다고 해도 그 당시 내 믿음으로는 행복으로 포장된 유혹의 상자를 열지 않을 수 없었을 것이다.

하나님의 살아계심을 정말로 믿는 믿음이었다면, 내 안에 계신 예수님과 친밀히 동행하는 훈련을 제대로 했다면, 거룩한 영이 보내는 경고의 음성을 들을 수 있었을 것이고 사탄이 내미는 행복의 수표가 가짜인 것을 알아차렸을 것이다.

하나님과 세상 사이에서 적당히 줄타기 하는 어설픈 내 믿음으로는 마음을 사로잡는 유혹이 왔을 때 뿌리칠 힘이 없었고, 하나님의 시선을 잃어버린 나의 마음은 거부할 수 없는 유혹에 속절없이 무너졌다. 나의 형식적이고 가식적인 신앙생활은 거절할 수 없는 유혹이 손을 내밀 때 기다렸다는 듯이 덥석 잡게 했고, 죽음으로 가는 것도 모른 채 끌려가는 양의 꼴이 되게 했다.

틀에 박힌 일상에서 벗어나게 해줄 것같이 마음을 들뜨게 했던 일탈의 시작은 15년을 잃어버리게 했다. 그동안 수없이 관계를 정리해야 한다는 양심의 소리를 들으면서도 우유부단한 성격을 핑계 삼아 분명한 결단을 내리지 못했다.

하나님의 추격

아내는 아침마다 선한목자교회 유기성 목사님의 설교를 한두 편씩 들었는데 어느 날 뜬금없이 이찬수 목사님의 설교를 틀어놓았다. 설교 내용 중 한 여성에 관한 이야기가 나왔다. 목사님이 그

'자매님'의 이름을 말하지는 않았지만, 아내와 나는 바로 알아차릴 수 있었다. 이것이 그녀와 나에 관한 이야기라는 것을.

평소에 이찬수 목사님의 설교를 듣는다는 그녀는 목사님에게 메일을 보냈고, 목사님은 절박한 심정으로 눈물의 경고를 선포하셨던 것이다. 아내는 목사님의 그 많은 설교 가운데 무작위로 한 편을 틀었는데 그것이 바로 그녀와 관련된 것이었다.

이 일은 내가 아무리 사실을 축소하고 변명하고 도망치려 해도 하나님께서 요나를 추격하시듯 내가 숨기려 하는 부끄러운 일들을 드러내시고, 내가 온전히 항복하기를 원하시는 것을 알게 했다. 만일 하나님의 추격하시는 은혜가 없었다면 지금의 나의 변화도 가정의 회복도 없었을 것이다.

하지만 그날 그 설교를 들었음에도 나는 무릎을 꿇는 회개의 마음보다는 원망하는 마음이 먼저 들었고, 추궁하는 아내에게는 이 상황이 빨리 지나가고 정리되기를 바라는 성급한 마음으로 화를 내고 소리를 질렀다.

궁지에 몰리면 적당히 넘어가려고만 할 뿐 변명으로 둘러대는 말에는 진심을 담을 수 없었다. 용서하는 것이 얼마나 어려운 것인지, 치유의 과정이 얼마나 험난한 길인지 알지 못한 채 말로만 아내를 설득하려고 했고 아내의 아픔을 위로하고 진심으로 용서를 빌기보다는 용서를 강요했다.

그날 우연히(사실상 이것은 우연이 아니고 하나님의 관여하심이었지만) 그 설교를 듣지 않았다면 우리 부부의 관계는 어떻게 되었을까? 나는 그녀와의 관계가 완전히 정리되었다고는 했지만, 내 마음에 혹시라도 남아 있을지 모를 단 1퍼센트, 아니 0.1퍼센트의 미련이 또다시 세상으로 나가도록 하는 유혹이 되지는 않았을까 싶기도 했다.

가정이 회복된 후에 아내는 그날의 일로 아픔과 괴로움이 더하게 되었지만, 하나님의 관여하심을 느낄 수 있었고 커다란 위로가 되었다고 말했다.

가정이 무엇보다 소중한 것은, 가족이 있기 때문이다. 온 가족이 함께 세워가는 가정의 소중함은 아무리 강조해도 지나치지 않을 것이다. 그러나 내가 죄의 유혹에 힘없이 무너지는 동시에 가정도 순식간에 무너져 내렸다.

행복을 기대하며 기웃거렸던 외도는 당사자뿐만 아니라 관련된 모든 사람을 감당하기 어려운 불행으로 몰아갔다. 주변의 많은 사람이 이 일로 인해 상처를 받았고, 무엇보다 가족이 받은 상처는 너무 커서 오래도록 남을 흉터를 생각하면 마음이 아팠다.

닫힌 마음은 하나님의 시선을 느낄 수 없다

육신의 욕망으로 영의 생각과 영의 눈이 가려진 까닭에 나는 아내의 상처가 얼마나 심각한지 알지 못했다. 마음의 상처에도 무지해서, 시간이 지나면 가정은 원래의 모습으로 돌아가고 상처도 차츰 아물 것이라고 단순하게 생각했다.

다음 장에서 이야기하겠지만 치유로 가는 길에 큰 장애물이 된 것은 '거짓말'이었다. 하나님께 항복하기 전에는 아내의 상처가 치유되기를 바라면서도 내가 곤란한 상황에 처할 때면 적당히 둘러대며 이 상황을 어서 벗어나기만을 바랐다. 그녀와의 관계가 완전히 정리된 후에도 아내에게 사실대로 솔직하게 말할 수가 없어 둘러대며 축소하기에 급급했다.

아내의 상처받은 마음은 깨어져 사방에 흩어진 도자기 파편과 같고 다시 회복하는 것은 불가능해 보이는데도 내가 변명의 탈을 쓰고 적당히 넘어가려고만 하니 아내와의 관계는 막다른 골목에 다다른 것 같았다. 가정이 해체될 위기에 처해서야 내가 가정과 가족에 대해 아는 것이 없음을 깨달았다.

예수님과 동행의 길을 걷기 위해서는 마음을 열어야 하는 것을 알았지만, 마음의 문을 연다는 것은 적어도 나로 인해 상처를 받은 사람에게 나의 죄를 솔직히 인정하고 용서를 빌어야 하는 것을 의미했기 때문에 마음을 연다는 것은 결코 쉬운 일이 아니었다. 그리하여 예수님이 계속하여 내 마음의 문을 두드리고 계시는데도 나는 유혹의 소리를 따라갔다.

'반드시 마음을 열 필요는 없잖아. 마음을 열지 않고도 사람들과 관계를 회복할 수 있어.'

그러나 온전히 열지 못한 마음으로는 나로 인해 상처받은 아내에게 미안하다고 진심으로 말하는 것조차 어려웠다.

그러던 어느 날 내가 육신의 정욕을 좇아 죄짓고 있는 것을 예수님이 다 알고 계신다는 것이 믿어지는 체험을 했을 때, 마치 내가 은밀히 죄짓고 있던 현장을 사람들에게 들킨 것같이 얼굴이 빨개졌다. 그때 마음에 들려오는 음성이 있었다.

**"사람에게 들킨 것이 부끄러운가,
하나님에게 들킨 것이 부끄러운가?"**

그동안 음란한 마음으로 죄를 즐기면서도 부끄러움을 몰랐다는 것은 내가 입으로는 하나님의 살아계심을 믿는다고 하면서도 실제로는 하나님의 시선조차 느끼지 않았던 증거였다.

하나님보다 사람들의 시선을 더 의식한 것은 내가 하나님을 신뢰하지 않는다는 증거가 되었고, 그동안 내가 "하나님은 나의 마음속까지 다 알고 계시는 분"이라고 고백했던 것은 단지 입술의 허

영이었음이 드러났다.

그러나 자아가 시퍼렇게 살아 있던 나는 솔직하게 마음을 열 수가 없었다. 주님의 음성을 들었지만 항복하기보다는 도망가려 했다. 치유와 회복을 원하는 마음 한편에서는 여전히 나의 죄를 감추려는 본능이 강하게 저항하고, 온전히 항복하지 못하도록 방해했기 때문이다.

열리지 않은 마음으로는 진심으로 무릎을 꿇을 수도, 용서를 빌 수도 없었고 미안한 마음을 전하기도 어려웠다. 엎드린 것 같았지만 진정한 회개는 없었다.

상처받은 가족에게 자기의 허물과 죄를 고백하는 것은 분명 엄청난 결단이 필요한 일이다. 그러나 진심으로 무릎을 꿇을 수 있는 용기는 마음을 열고 예수님을 만난 사람만이 할 수 있다. 자기의 잘못을 인정하고 죄를 고백할 수 있는 용기는 마음에 계신 예수님에게서 나오기 때문이다.

일곱 번씩 일흔 번이라도 빌어야 한다

죄를 고백하고 용서를 빌었다고 해서 마음의 상처가 완전히 해결된 것은 아니다. 상처를 받은 사람에게 잘못을 인정하고 용서를 빌었음에도 진정성을 의심받아 용서를 받지 못할 수 있고, 상처를 준 사람이 그로 인해 오히려 어려운 마음을 토로하는 경우가 있기 때문이다.

용서의 과정이 얼마나 힘든 것인지 몰랐던 나는 죄와 허물을 고백하면 치유의 기적이 당장 일어날 것처럼 생각했다. 아내는 그런 나를 보며, 영화 〈밀양〉에서 "하나님께 용서받았으니까 나의 죄의 짐이 벗어지고 자유를 얻었다"라고 말한 범인과 같다고 했다.

그러나 나는 같은 상황을 보면서, 아들을 죽인 범인을 용서하려고 교도소를 갔다가 "하나님에게 용서받았다"라고 편안한 표정으로 말하는 범인을 보고 충격받아 돌아서 나오는 신애(전도연 扮)를 이해하지 못했다. 진정한 회개를 알지 못한 나의 무지는 용서의 아픔 또한 알지 못했던 것이다.

베드로가 몇 번이나 용서해주어야 하느냐고 물었을 때, 예수님은 일곱 번씩 일흔 번까지라도 용서하라고 하셨다. 끝없이 용서하라는 말씀이다. 그렇다면 몇 번이나 용서를 빌어야 할까? 마찬가지로 일곱 번씩 일흔 번까지라도 용서를 빌어야 한다고 말씀하실 것이다.

세상에서 누군가에게 미안하다고 말하며 사과하는 것만 해도 얼마나 많은 대가를 치러야 하는지 모른다. 그러나 용서의 의미를 제대로 알지 못했던 나는 아내에게 용서를 진심으로 비는 것이 아니라 용서를 강요했다. 미안한 마음은 입술의 고백에 담기지 않았고 깊은 상처는 단순한 고백으로 씻기지 않았다.

가정이 회복된 후의 어느 날, 빌레몬서를 읽다가 문득 바울과 빌레몬의 마음뿐만 아니라 오네시모의 마음을 느낄 수 있었다.

사도 바울이 오네시모를 위해 빌레몬에게 편지를 쓰는 것은 쉽지 않았을 것이다. 그는 오네시모가 전에는 쓸모없는 사람이었지만 이제는 쓸모있는 사람으로 변화되었다고 말하고, 빌레몬이 이 어려운 부탁을 받아줄 것을 확신한다.

"나는 네가 순종할 것을 확신하므로 네게 썼노니 네가 내가 말한 것보다 더 행할 줄을 아노라"(몬 1:21).

이 한 장면에서 용서와 순종과 변화된 삶을 사는 사람들을 모두 볼 수 있었다. 말하기 어려운 부탁을 하는 것도, 그 부탁을 들어주는 것도 어려웠을 테고, 빌레몬에게 가야 하는 오네시모의 마음도 어렵기는 마찬가지였을 것이다.

예수님을 만나 완전히 변화된 바울의 마음을 들여다보고, 바울의 편지를 받고 많은 생각에 잠겼을 빌레몬의 마음도 헤아려보았다. 잘못한 것을 알면서 용서를 빌기 위해 그 사람 앞에 서야만 하는 오네시모의 심정은 두려움이었을 것이다.

주께서 물으시는 것 같았다.

"너는 예수님과 친밀히 동행하고 있는가?

너는 용서하기 어려운 사람을 용서하는 용기가 있는가?
너는 용서받기 위해 상처를 준 사람 앞에 설 수 있는가?"

내가 비록 자아가 죽었고 새로운 영으로 변화되었지만 내 마음을 지키는 것은 내 안에 계신 예수님과 끊임없이 묻고 듣는 친밀한 동행이 없이는 불가능함을 확인하게 되었다.

용서, 받기도 어렵지만 하는 건 더 어렵다

치유의 과정은 생각과는 달리 많은 시간이 필요했다. 치유로 가는 길은 끝이 보이지 않았고, 인내의 시간은 한없이 길게 느껴졌다. 그리하여 도중에 내 자아가 조금이라도 살아나려고 하면, 죽은 줄 알았던 성질 또한 꿈틀거리고 머리를 들었다.

사방에서 쏟아지는 비난의 눈총을 받으면서도 어떠한 변명도 하지 않게 되기까지 많은 연단의 과정을 넘어야 했다. 내 힘으로는 이겨낼 수 없음을 깨닫고 하나님 앞에 죽은 듯 엎드리기까지 쉽지 않은 시간의 연속이었다.

마침내 죽은 내 자아를 건지거나 내 자존심을 지키려는 그 어떤 시도조차 없어지고 나서야 나 아닌 아내가 보였다. 상처를 준 사람은 상처를 받은 사람의 고통을 알 수 없고, 용서를 비는 사람은 용서하는 사람의 어려움을 알 수 없다는 것을 알았다.

진정한 용서는 용서하는 사람과 용서를 비는 사람 둘 다 가슴을 쥐어뜯는 듯한 처절함을 통과해야 한다는 것을 몰랐던 나는 상처의 아픔이 어떤 것인지 알고 나서야, 용서를 받는 것도 어렵지만 용서하는 것이 얼마나 어려운 것인지를 알게 되었다.

상처로 아파하는 사람에게 용서받을 때까지 빌 수 있는 것은 그리스도인은 예수님과 함께 십자가에서 죽었기 때문이다. 예수님과 죽음을 넘은 그리스도인은 못 할 것이 없다.

그리스도인은 상처받은 사람에게 미안한 마음을 전하고 끝까지 전심으로 용서를 비는 과정을 통해서 겉과 속이 일치하는 변화된 증거를 보게 될 것이고, 또한 예수 안에서 용서하고 용서받는 과정을 통해 몸과 마음이 치유될 뿐만 아니라 영혼이 회복되는 것을 경험하게 될 것이다.

용서하는 것은 내가 하는 것이 아님을 알았다. 이것 또한 내 마음에 계신 예수님의 관여하심이 없으면 불가능했다. 내가 죽음의 자리에서 내게 상처를 주었던 사람들을 진심으로 용서하게 된 것은 단순했다. 내가 하나님께 받은 용서가 얼마나 큰 것인지를 깨달았기 때문이다.

내가 나에게 상처를 준 사람에게 하는 용서는 내가 받은 용서에 비하면 강가의 조약돌만큼 작은데도 상처를 마음에 가두고 미워하고 있었다는 것을 알게 되었다. 하나님의 절대적 사랑은 많은 죄로 인해 용서받을 수 없는 나 같은 죄인도 덮을 수 있는 것을 알게 될 때, 그 하나님의 사랑에 감격하게 된다.

그래서 이제는 고통 중에 있는 사람을 만나면 당신의 아픔을 이해한다고 말하지 않는다. 그저 아픈 마음을 들어주고 곁에 있어주는 것으로 위로할 뿐이다.

05 죄

죽음 너머에 있는 다음 세상을 전했을 때, 내가 꿈이나 환상을 본 것으로 애써 무시하려 하는 사람이 많았다. 그들이 사후 세계를 강하게 부인하는 것은 단순히 다음 세상의 존재를 믿고 싶지 않은 것처럼 보이지만, 사실은 육신의 정욕을 따라 마음껏 살고 싶은 욕망이 제한받는 것이 싫기 때문이다.

일반적으로 사람들은 죄에 관하여 말하는 것을 싫어한다. 때로는 '죄'나 '죄인'이라는 단어를 꺼내는 것만으로도 민감하게 반응하거나 화를 내기도 했다. 어떤 사람들은 죄를 짓고 사는 것이 현실적으로 어쩔 수 없는 일이라고 옹호하기도 한다.

그런 것을 보면 그만큼 세상은 죄에서 벗어나기 어려운 환경인 것이 틀림없다. 죄를 숨기는 것이 당연한 듯 되어버린 세상에서 숨겨놓은 죄와 허물을 스스로 드러낼 뿐만 아니라 공개적으로 나눔을 한다는 것은 세상 사람으로서는 상상할 수도 없는 일이다.

나 역시 죄에 대해 공개적으로 나눔을 하는 것이 정신 나간 짓이라고 생각했다. 그래서 죄를 드러내는 것뿐만 아니라 나눔까지 하는 것에 사람들이 부정적으로 반응하는 것을 충분히 이해한다. 그러나 죄의 결과를 분명히 알게 된 이상 죄에 관해 말하지 않을 수 없다.

내 경우 "죄는 하나님의 말씀을 따라 행하지 않은 불순종으로 하나님과의 관계가 어긋난 것이다"라고 정의할 때보다 "죄를 짓는 것은 하나님께 반역하는 것이다"라고 정의할 때 죄의 결과에 대한 두려움이 강하게 느껴졌다.

세상 사람도 반역이 무엇을 의미하는지 알고, 반역의 결과에 대해서도 잘 알고 있다. 죄의 삯은 사망이고 반역한 자의 결국은 죽음이다. 이 세상의 죽음은 육신의 죽음을 의미하지만, 하늘나라의 죽음은 영혼의 죽음을 말한다. 하나님나라에 들어가지 못하는 자가 되는 것이다.

내가 상대적으로 죄를 덜 지었다고 생각하고 살 때는 죄 가운데 사는 것도, 죄에서 벗어나는 것도 자기 의지로 선택할 수 있는 것은 다행스러운 일이라고 생각했었다. 그러나 자기의 그 선택으로 말미

앎아 자신이 지은 죄에 대해 변명의 여지가 없게 되는 것을 그때는 몰랐다. 예수님의 십자가가 지닌 의미를 알게 되면서 그 무지에서 벗어날 수 있었다.

나쁜 죄를 저지르고도 이것을 죄로 인식하지 못하거나, 죄인이면서도 자기 죄를 인정하지 않는 사람을 종종 볼 수 있다. 죄를 얼마든지 숨길 수 있다고 생각하거나 변명으로 죄를 가리려 하는 사람은 죄에서 벗어날 기회를 스스로 걷어차고 있는 꼴이다.

그들은 이 세상 끝까지 모든 사람을 속일 수 있다고 생각하는 것같이 보인다. 실제로 그럴 수도 있을 것이다. 그러나 이것이 오히려 치명적인 것은 죄를 숨기고 감출수록 그만큼 죄에서 벗어날 기회를 놓치게 되기 때문이다.

아이들이 어릴 적, 내가 자녀와의 관계에서 어려워한 것 중 하나가 잘못을 지적하는 문제였다. 잘못을 지적하면 아이와의 관계가 소원해질까 걱정되고, 못 본 척하고 넘어가면 잘못한 것을 알지 못하게 될까 걱정하면서 어정쩡하게 머물 때가 많았다.

잘못을 인정하는 법을 배우지 못한 사람은 죄를 깨닫는 것이 어려워진 것만큼 회개의 기회도 멀어지게 될 수밖에 없다. 자녀가 작은 잘못을 저질렀을 때 그게 잘못이라고 알려주는 것은 그 잘못을 통해 배우는 것이 있기 때문이다.

둘러대고 변명하는 거짓말의 죄

일반적으로 사람들은 악의적으로 다른 사람을 모함하는 거짓말은 죄라고 인정하면서도, 불리한 상황을 모면하기 위해 적당히 둘러대는 거짓말은 죄로 인식하지 않는 것 같다.

내가 어릴 적에 어머니는 만나고 싶지 않은 사람이 집으로 찾아오면 엄마가 집에 없다고 말하게 했다. 그것이 거짓말인 줄 알게 된 나이가 되어서도, 그런 작은 거짓말이 좋은 것은 아니지만 그렇게 나쁘다고도 생각하지 않았다.

이렇듯 상황에 따라 적당히 변명하거나 어느 정도는 둘러댈 수도 있는 것으로 여기며 작은 거짓말을 용인하는 환경에서 성장한 나는 다른 문화권, 특히 선진 문화권의 사람들이 사소한 거짓말에도 무척 민감해할 뿐만 아니라, 소위 선의의 거짓말까지도 좋지 않게 여기는 것을 보고 문화적 차이라고 여기면서도 내심 당황스러웠다.

나의 거짓말은 외도 사실이 드러났을 때 아내를 더욱 마음 아프게 했고, 치유로 가는 길에도 큰 장애물이 되었다. 나는 변명하고 둘러대는 거짓말로 어려운 상황을 모면하려 했으나 사실상 그만큼 더 상황을 어렵게 했을 뿐이었다.

나는 사실을 축소하고 과장하는 것을 그렇게 나쁘다고 생각하지 않은 데다 내 딴에는 아내가 받을 충격을 줄이고자 의도적으로 둘러댄 것이지만, 그런 변명의 말은 거짓의 다른 모양일 뿐이어서 상황을 악화시키는 또 다른 거짓말을 낳았다.

변명은 사실을 왜곡하는 거짓말이자 가면을 쓴 거짓말이다. 거짓말은 또 다른 거짓말을 낳는다. 세상에서는 선의의 거짓말은 괜찮다느니 적당한 거짓말은 약이 된다느니 하지만, 거짓말에는 선의가 없었다. 거짓말은 옮겨갈 때마다 들불처럼 번져서 종국에는 감당하지 못할 지경이 되기도 했다.

곤란한 상황을 피하고자 둘러댔던 변명이 나중에 솔직하지 못한 것으로 드러나게 되면서 아내는 더욱 마음 아파했고 불신의 벽은 높아갔으며 마침내 내가 하는 어떤 말도 믿으려 하지 않았다. 그럼에도 불구하고 나는 오히려 그렇게 반응하는 아내가 지나치다고 생각할 만큼 거짓말에 둔감했다.

그 당시 내 잘못이나 죄가 드러났을 때 솔직하게 인정하는 것은 어려웠다. 잘못을 인정하고 진심으로 용서를 구하는 기회가 될 수 있음에도, 또 다른 변명을 늘어놓음으로써 당장의 어려운 상황에서 벗어나려고만 했다.

사소하고 작아 보여도, 하나의 거짓을 덮기 위해 또 다른 거짓말을 하게 되는 것을 보면 거짓말도 끊어내기 어려운 죄인 것을 알게 된다. 모든 죄는 한 번으로 끝나는 법이 없다. 죄는 마음에 죄의 알을 낳고, 부화된 죄들은 다른 죄를 짓게 하여 양심을 굳어지게 하고, 굳어버린 양심은 죄를 죄로 인식하지 못한다.

언젠가 아내가 아이들 어릴 적에 장난감을 사달라고 조르면 "이것은 비싸서 안 판다고 쓰여 있어요"라고 거짓말한 것이 마음에 걸린다고 했을 때 나는 내가 거짓말을 선의의 거짓말이라고 합리화하면서 하나님과 사람들 앞에서 정직하지 못한 모습으로 살았던 것이 떠올랐다. 잘못한 것을 알았을 때 바로 회개하도록 하는 마음을 주시는 것이 큰 은혜다.

내가 가장 늦게 깨닫게 된 죄 중의 하나가 거짓말이다. 훗날 이재철 목사님의 설교 중에 "부부 사이에는 신뢰가 가장 중요하므로 부부 사이에서는 절대 거짓말을 하면 안 된다. 피치 못하여 거짓말을 한 경우 그 거짓말이 참이 되게 해야 한다"라는 말씀과 "내 자존심이 상하더라도 내 자식이 평생토록 정직하게 살게 하는 것이 하나님 앞에서 바른 부모의 도리"라고 하신 말씀이 귓가에 남는다.

죄를 죄인 줄 모르게 하려는 이유

세상은 거짓말뿐만 아니라 시기, 질투, 염려, 걱정, 분노, 교만과 같은 죄를 감정이라고 여기고, 욕망과 음란함도 용인하는 분위기다. 그러나 도둑질, 폭력, 간음, 강간, 강도, 사기, 살인 등과 같은 죄가 마음에서 시작되는 것을 부인할 수는 없다.

닫힌 마음은 문제를 거짓말로 덮으려고 함으로써 문제를 근본적으로 해결할 수 없게 하고, 문제의 심각성을 인지하지 못하도록 한다. 또한 닫힌 마음은 잘못했을 때 잘못을 인정하기보다 변명으로 허물을 가리려 하고, 적당한 변명과 거짓으로 문제를 해결할 수 있다고 생각하게 한다.

도박에 중독된 사람이 도박을 완전히 끊고 거기서 벗어났다는 말을 들어본 기억이 없다. 도박에 빠진 사람 대부분이 도박에서 벗어나지 못하고 오히려 점점 더 빠져드는 것을 쉽게 볼 수 있다. 일반적으로 '도박' 하면 사람들은 단순히 돈과 연관하여 생각하지만, 사실 도박의 진짜 문제는 영혼을 죽이는 데 있다.

그럼에도 세상은 도박이나 노름을 죄라고 하지 않는다. '도박이 죄냐 아니냐'를 따지려는 것이 아니다. 사람의 영혼을 피폐하게 하는 모든 죄의 속성은 그것이 세상의 시각으로 크든지 작든지 같다는 것이다.

하나님께 항복하고 회개하여 그분과의 관계를 회복하는 과정에서 느낀 것은 마음이 굳어진 만큼 죄에 대해서도 무뎌진다는 것이다. 얼룩이나 더러움이 밝은 데서는 잘 보이지만 어두운 데서는 잘 보이지 않듯, 사람도 선해질수록 자기 안에 남아 있는 악을 더 분명히 깨달을 수 있고 악해질수록 자신의 악을 깨닫지 못한다.

게다가 나쁜 사람일수록 자기 죄에는 관대하다. 사람들과 대화하다 보면 죄가 많은 사람이 다른 사람에게 나타나는 죄를 더 싫어하는 것을 느낄 수 있다. 소도둑이 바늘 도둑을 도둑놈이라고 욕하고, 강도가 좀도둑을 비난하고, 정말 악한 사람이 그보다는 덜 나쁜 사람을 악하다고 정죄하는 일이 흔히 일어난다.

죄를 죄로 여기지 않게 하려는 시도도 계속되고 있다. 사람의 양심을 찌르는 '죄'와 '죄책감'이라는 단어를 감춰버린 것도 죄짓는 사람이 죄를 인식하지 못하도록 하기 위한 시도의 하나다.

심리학자들은 죄 문제는 깨끗이 잊고 세상일에 몰두하라고 한다. 쉽게 살고, 양심의 가책을 느끼지 말고, 종교적인 문제를 멀리하라고 가르친다. 철학자들은 인간의 탐욕적인 본능을 이용하여 사람의 마음을 은밀하게 타락시켜왔다. 그러기 위한 한 방편으로 저들은 사람들이 죽음과 죄에 대하여 눈뜨지 못하도록 필사적으로 가리려 한다.

이 땅에서 최고의 사상가라고 자부하는 사람들은 의도적으로 인간을 신에게서 해방시키려 했다. 인간을 하나님 위에 올려놓아 최상위에 두고자 하는 저의는 분명하다. 사람들에게 자기가 삶의 주권자라는 인식을 심어주어 육체의 자유를 마음껏 탐닉하며 죄에 대해 무감각해지게 하고 죄책감을 없애려는 것이다.

그리하여 자아를 개발하고 장려하고 무분별한 자유를 탐닉하게 하여 죄와 죄책감에서 벗어나게 하려는 선동이 지금까지 있었다. 오늘날 영화나 소설, 웹툰 등 소위 문화로 포장된 세상적인 것들이 수없이 쏟아져 나와 성적 방종을 젊음, 솔직함과 연관시키며 건강하고 정상적인 것으로 오도해 사람들을 속이고 있다.

그들이 얼마나 분명하고 확신에 찬 어조로 사람들을 선동하는지, 하나님을 믿는 사람들까지도 인간 중심의 세속문화를 잘 받아들이고 그 안에 녹아든 것처럼 보일 정도다. 그 결과 사람들은 그들의 주장을 거부감 없이 수용하고 있으며 죄에 대해 무감각해졌다.

육체적 자유를 주장하여 쾌락을 추구하게 하고, 정신적 자유를 주장하여 신이나 영혼을 부인하게 하는 사람들이 인간이 자아를 끝없이 개발하도록 하는 시도는 앞으로도 계속될 것이다.

그러나 하나님을 부인하는 사람들의 말에 귀를 세우고 그들의 말을 듣고 세상의 것을 좇던 사람들은 마지막 숨을 몰아쉴 때가 되어서야 육신의 만족을 위해 다 써버린 시간과 돌이킬 수 없는 공허함, 그리고 죽음의 두려움과 후회로 눈물 흘리게 될 것이다.

교만

세상은 사람들이 죽음 너머의 세상에 눈뜨지 못하도록, 눈에 보이는 이 세상이 모든 것인 양 속이려 한다. 사람들이 죽음을 두려워하지 않게 만들려고 죽음으로 모든 것이 끝이라고 속인다. 죽음 너머의 세상이 없는 것처럼 가리고 눈에 보이는 이 세상이 모든 것인

양 속여 하늘나라를 바라보지 못하도록 하는 악한 영의 짓이 분명하다.

무신론자들은 이 땅에 행복이 있는 것처럼 오도하고, 이 세상에서 육신의 평안과 행복을 찾으라고 한다. 그들은 자아를 끊임없이 개발하여 하나님의 자리를 차지하라고 선동한다.

세상은 교만을 죄로 인식하지 않지만 믿음의 선조들은 가장 핵심적이고 가장 궁극적인 악을 교만으로 보았다. 성 어거스틴은 교만을 "모든 죄의 시작"이라 말했고 토마스 아퀴나스는 "일곱 대죄 중에서도 가장 심각하며, 다른 죄들의 뿌리"라고 했다.

C. S. 루이스는 교만을 '하나님께 전적으로 맞서는 마음 상태'로 보며, 천사가 사탄이 된 것도 결국 교만 때문이라고 했다. 교만은 다른 모든 악으로 이어지기 때문에 성적 부정이나 분노, 탐욕 등 우리 눈에 커 보이는 육체적인 죄보다 더 큰 죄다.

교만한 사람은 자기 머리 위에 계신 하나님을 인정하지 않고, 그러면서도 자기가 교만하다고 생각하지 않는다. 하나님이 없는 마음은 다른 사람의 마음을 경청할 여유도 없고, 생각이 다른 사람을 품을 수 있는 공간도 없다.

위를 볼 줄 모르는 교만한 마음은 하늘나라를 바라볼 수 없게 하여 죽음을 준비하지 못하도록 한다. 다음 세상을 믿지 않는 사람들은 육신의 죽음으로 모든 것이 끝난다고 생각하지만, 사실 죽음은 영혼이 몸에서 분리되는 것이다. 영이 분리된 육신은 껍데기일 뿐이다. 사탄이 데리고 가려는 것은 이 땅에 두고 갈 몸이 아니라 영혼이다.

하나님을 대적하던 사람들이 이 땅을 떠나는 마지막 순간에도 예수님에게 마음 열기를 완강하게 거부하고 저항하는 것은 악한 영이 그들의 영혼을 놓지 않으려 하기 때문이다. 보이는 것만 볼 수 있는 육신의 눈과 마음은 천국이나 하나님을 볼 수도 이해할 수도 없지만, 진리를 들으려고 하지 않고 알려고 하지도 않는 마음이 그들을 이 세상에 가둔다.

보이는 것이 전부라고 믿는 사람들은 전능하신 하나님을 사람의 사고의 틀에 가두어 인간의 수준으로 끌어내리려 할 뿐, 하나님에 대한 인간의 무지와 교만함도, 육신의 생각과 마음의 한계도 인정하려 하지 않는다.

> 네가 네 마음에 이르기를
> 내가 하늘에 올라 하나님의 뭇 별 위에 내 자리를 높이리라
> 가장 높은 구름에 올라가
> 지극히 높은 이와 같아지리라 하는도다
> 사 14:13,14

하나님 없이도 잘하는 것처럼 보일 때가 있기 때문에 사람들은 자신의 경험을 좇아서 해볼 것을 다 해보고 막다른 골목에 이르러서야 하나님을 찾는다. 오스왈드 챔버스의 말처럼, 그들은 막다른 골목에 다다르지 않으면 하나님을 찾으려 하지 않는다.

한 가지 덧붙일 말이 있다. 교회를 떠나 세상으로 나간 사람들 가운데 다른 교인과 다투었거나 목회자로 인해 마음에 상처를 입었기 때문이라고 말하는 사람을 종종 보게 된다. 비록 교회를 떠나지는 않았더라도 많은 교인이 비슷한 경험을 했던 것을 부인하지 않는다.

그리고 교인들끼리 싸우고 목회자에게 상처받고 교회를 떠나는 사람 중에 교회에서 자기 뜻을 앞세워 열심히 봉사했던 사람도 많은 것을 보아왔다.

정말 두려워해야 할 것이 있다. 다른 교인과의 관계 때문에 하나님과의 관계를 잃어버리는 것이다. 하나님을 떠나 세상으로 가게 된 것은 하나님 앞에서 조금의 변명도 되지 않는다.

세상으로 나간 것은 자기의 교만으로 하나님의 자리를 차지함으로써 벌어진 일이고, 사탄의 교묘한 장난질에 속아 넘어간 것뿐이다. 하나님을 떠나 세상으로 나가 돌아오지 않은 결과의 책임은 오롯이 자기 몫이다.

마음을 열고 드러내는 용기

죽음 너머에서 돌아온 후로 죄를 짓지 않는지 궁금해하는 사람들이 있다. 죽음에서 깨어난 후 한동안 이 세상은 사탄의 유혹조차 없어진 것처럼 보였지만, 죄의 유혹은 늘 가까이 있었다.

그러나 이제 내가 유혹 앞에서 조금이라도 머뭇거리면 내가 못 박은 예수님 손바닥의 못 자국이 떠오른다. 옷이 벗겨지는 수모와 채찍질을 당하고, 가시가 머리를 찌르고, 손과 발에 못이 박힌 채 피범벅이 되어 숨이 끊어질 때까지 십자가에 매달려 있어야 하는 끔찍한 고통을 예수님이 대신해주신 것을 알게 되었으면서 또다시 나 대신 예수님을 십자가에 못 박으라고 내어줄 수는 없다.

죄의 유혹과 싸워본 사람이라면 자기의지만으로는 유혹을 이기기 어렵다는 것을 잘 알 것이다. 반복하여 무너진 경험은 죄와의 싸움을 시작하기도 전에 포기하게 하기도 한다.

그런 어려움을 알고 있기에 세상에도 술, 담배나 마약 같은 중독을 끊어내기 위한 모임이 있다. 약점을 드러내는 것을 치명적이라고 생각하는 사회 분위기에서 그런 모임에 참여하여 자기 허물을 공개하는 것은 같은 죄를 반복하지 않으려는 의지를 보여주는 것이다.

이 용기 있는 결단은 그만큼 양심의 소리에 민감해지게 하고, 죄의 유혹이 있을 때 거부하는 능력이 되기도 하지만, 노력은 곧 한계에 부딪히게 된다. 마음을 여는 것은 변화를 원하는 증거가 되지만, 온전히 죄를 끊어내는 것은 또 다른 문제다. 의지만으로는 습관적인 죄를 이길 수 없기 때문이다.

그리스도인이 주님 안에서 마음을 열고 나누는 것이 능력이 되는 것은 죄의 유혹과 싸울 때 혼자만의 외로운 싸움에 머물지 않고 영적 조력자들이 함께하는 중보기도의 능력이 나타나기 때문이다.

음란의 죄에서 빠져나오기 위해 나눔 모임의 사람들에게 마음을 연 한 그리스도인의 이야기를 들었다. 그의 사회적 신분을 고려할 때, 마음을 여는 결단은 그에게 분명히 쉽지 않았을 것이다.

그럼에도 어둠 속에 머물도록 종용하는 사탄의 유혹을 이기고 자신의 은밀한 죄를 고백하게 된 것은 예수님을 머리로 믿는 대신, 마음에 계신 예수님을 진심으로 만나기를 원했기 때문일 것이다.

그리스도인은 언제든지 하나님께 손을 내밀어 도움을 요청하는 용기를 내야 하는 것을 그에게서 배웠다. 완전한 순종도 완전한 사랑도 인간의 노력만으로는 이룰 수 없기에 우리는 하나님의 도움을 구해야 한다.

도움을 구했는데도 오랫동안 도움이 오지 않거나 필요한 만큼 충분히 오지 않는다고 느낄 수 있다. 하지만 실패할지라도 그때마다 용서를 구하고 다시 일어나 싸움을 계속하고 도움도 청해야 한다. 하나님의 도우심은 언제라도 다시 시도할 수 있는 바로 이 능력에 있기 때문이다.

06 기만과 유혹

"성경 말씀은 그대로 사실이다."

병문안 온 가까운 지인들에게 했던 말이다. 죽음을 경험한 그리스도인은 누구나 같은 말을 하게 될 것이다.

하나님의 말씀을 사람의 언어와 글로 기록한 것에 대해서도 새롭게 눈뜨게 되었고, 세미한 음성에 귀를 기울이며 말씀을 기록한 성경 기자들의 수고를 깨닫고 진심으로 감사할 수 있었다.

세상 사람들이 성경 말씀에 나오는 이적이나 기적과 같은 초자연적 사건들을 세상의 여러 신화 가운데 하나처럼 폄훼하는 것은 조금도 놀랍지 않다. 나 역시 변화되기 전에는 세상 교육의 영향으로 성경 말씀이 도무지 믿어지지 않아 겉돌고 의심했던 시간이 있었기 때문이다.

하나님의 존재를 부정하고 싶은 사람들은 신앙과 과학은 양립할 수 없다고 잘라 말한다. 그들은 신앙을 중세적 신념에 빗대고 신을 믿는 것은 낮은 지능을 의미하며 똑똑한 사람일수록 초자연적인 신념을 덜 믿게 된다고 주장한다. 또한 지능 지수(IQ)와 교육 수준이 오를수록 종교적 신념이 감소하는 경향이 있다는 논리를 펴기도 한다.

일부 학교에서는 진화론은 과학이요 창조론은 신화인 것처럼 못을 박아 하나님의 창조역사를 지우려 한다. 어떤 초등교사는 과학의 시대에 신화를 믿는 아이가 있다며 교회에 다니는 어린이를 공개적으로 비웃었다고 들었다.

하나님을 믿지 않는 사람들이 예수님을 4대 성인 중의 하나로 치켜세운 것처럼 포장하지만, 그들은 사실상 예수님을 인간으로 깎아내린 것이고 성경에 기록된 기적과 이적을 신화에 빗댐으로써 성경을 허구로 각인시키려는 것이다.

신학교 교수와 신학생들 가운데도 인간 예수만을 인정하고, 부활도 믿지 않는 사람들이 있다고 들었다. 그들은 실제로는 예수님을 만나지 못한 종교인에 불과하다. 바른 영성은 성경 말씀에 뿌리내리지만, 깊은 성경 지식이 반드시 깊은 영성을 의미하는 것은 아니다.

일부 신학자들이 눈에 보이지 않고 이성적으로 이해할 수 없는 영적 사건을 사람의 눈에 맞추어 재단하고 듣기 좋게 포장하여 말하는 것을 보노라면, 예수님과 교회가 세상 사람들에게 무시를 당하게 된 것은 다름 아닌 그들과 같은 종교인의 교만과 무지 때문인 것을 알 수 있다.

세상은 커다란 발견이나 위대한 발명을 할 때면 과학이 마치 신의 영역에 도달했거나 넘어선 것처럼 떠들썩하게 보도한다. 그러나 그들은 모를지라도, 그들이 말하는 위대한 발견이나 발명은 단지 하나님의 무한한 창조 영역 가운데 새로이 드러난 만큼 조금 더 알게 된 것에 불과하다. 과학자들 중에 무한한 하나님의 세계를 깨닫고 오히려 겸손해지거나, 하나님을 믿는 이들이 있는 것이 위안이 된다.

요즈음 세상은 백세 시대요 앞으로 그 이상을 살게 될 것이라며 이 세상에서 오래 사는 것이 마치 축복인 양 호도하고, 죽음이라는 단어를 쓰지 않음으로써 죽음을 잊게 하려는 것 같다. 이 땅에 초점을 맞추게 하여 죽음을 준비하지 못하게 하려는 것이다. 그러나 백 세를 살든 이백 세를 살든, 죽음이 몸과 영혼을 분리하는 날이 오는 것은 조금도 달라지지 않을 것이다.

과학을 맹신하는 이들이 과학을 진리인 양 높이는 것을 보면 그들 역시 또 다른 종교인처럼 보이기도 한다. 과학이 이루어낸 진보가 마치 신의 영역에 도달한 것처럼 하여 사후 세계가 없다고 검증된 듯 속이려 하고, 죽음도 두려워할 것이 없다고 세뇌하려 하는 것은 그들이 신처럼 떠받드는 과학이 보이지 않는 세계를 들여다보지 못해서 일어나는 일이다.

그런 그들을 볼 때마다 시편의 말씀이 생각난다.

하늘에 계신 이가 웃으심이여
주께서 그들을 비웃으시리로다
시 2:4

유혹을 이길 수 있다고 자신하지 말라

죽음 너머로 가니, 다음 세상이 실제가 되고 이 세상의 시간은 잠깐의 꿈처럼 여겨졌다. 이 세상의 시간은 영원한 하늘나라의 시간에 비하면 너무 짧고 부분적이어서, 이 땅에서 한없이 길게 느껴졌던 고난의 시간은 번개가 지나간 자국처럼 순식간에 지워질 것이다.

이 땅에서 육신을 만족시키기 위해 치열하게 살았던 시간이 얼마나 허망한지 알게 되는 것은 비단 솔로몬만은 아니다. 그런데 악한 영에 끌려가는 공포를 알지 못하는 사람 중에는 지옥에 갈 때 가더라도 이 땅에서 육신의 쾌락을 실컷 누려보고 싶다고 말하는 사람도 있다.

음부에서 고통당하는 부자 나사로는 이 땅에 남은 자들이 지옥에 오지 않기를 바라는 마음이 간절했는데, 정작 이 땅에 남은 자들은 잠깐의 쾌락을 위해 영원한 지옥에 가려고 기를 쓰는 것처럼 보이는 것이 아이러니하다.

사탄은 하나님 없이도 잘살 수 있으니 육체의 본능에 따라 네 마음대로 살아보라고 유혹한다. 악한 영은 우리가 탐욕으로 자아의 성취와 성공과 명예와 부를 향해 끝없이 질주하고 욕망으로 육체의 쾌락을 즐기도록 부추긴다. 사탄의 속삭임이 훨씬 인간적으로 들리고 마음이 끌리는 것은 하나님의 간섭 없이 마음대로 살고 싶은 육신의 욕망이 남아 있기 때문이다.

사탄이 인생을 욕심껏 도둑질하도록 종용하고 그것을 좇도록 유혹하는 이유는 천하보다 귀한 한 영혼을 죄의 사슬에 묶어놓기 위해서다. 하늘나라를 바라보는 영의 눈을 가리고 세상만 바라보게 하여 죄에서 빠져나오지 못한 영혼을 그의 나라로 데려가기 위함이다.

사탄의 미혹은 누구라도 넘어뜨릴 만큼 강력하여 욕망의 덫에 갇히면 혼자의 힘으로는 벗어날 수 없을 정도다. 육신과 영혼의 파멸을 향해 달려가는 욕망의 전차에서 뛰어내리도록 도울 수 있는 분은 오직 예수님뿐이다.

하나님을 믿지 않는 사람들도 본능적으로 사탄을 두려워하는 것을 느낄 수 있다. 그러면서도 욕심과 욕망과 음란한 마음으로 육의 쾌락을 좇도록 유혹하는 사탄은 두려워하지 않는다. 쾌락 뒤에 있는 사탄을 볼 수 없기 때문이다.

만일 사탄이 뿔 달리고 꼬리 달린 검은 악마의 모습으로 나타난다면 그가 사람들을 유혹하기도 전에 모두 도망치고 말 것이다. 그러나 사람의 약점을 잘 알고 있는 사탄은 사람들이 도무지 뿌리치지 못할 만큼 매혹적인 유혹의 손을 내민다. 사탄은 광명한 천사의 모습도 할 수 있기 때문이다.

이것은 이상한 일이 아니니라
사탄도 자기를 광명의 천사로 가장하나니
고후 11:14

아직 예수님에게 마음을 열지 않는 한 지인이 사탄의 어떤 유혹에도 넘어가지 않을 자신이 있다고 말했다. 그가 그렇게 말하는 것은 아직 사탄의 실체를 볼 수 있는 영의 눈을 뜨지 못했기 때문이다.

사탄의 유혹은 누구라도 넘어갈 만큼 달콤하고 매혹적일 뿐만 아니라 아름답기까지 하다. 그리스도인도 유혹 앞에 흔들리는데 마음에 예수님이 없는 사람이 어떻게 유혹을 이길 수 있겠는가?

죄지을 수밖에 없다는 타협

주변에서 술, 담배나 오락, 도박을 끊어내지 못하는 사람들을 종종 보는데, 내가 보기에 가장 어려운 것은 음란의 문제 같다. 사람들은 음란이 다른 사람들 모르게 은밀히 즐길 수 있고, 숨길 수 있다고 생각하기 때문이다. 음행은 거룩한 영이 계시는 성전 된 몸을 더럽히는 것이므로 그리스도인은 음란한 마음으로 짓는 죄에서 벗어나야 한다.

> 창녀와 합하는 자는 그와 한 몸인 줄을 알지 못하느냐
> 음행을 피하라
> 사람이 범하는 죄마다 몸 밖에 있거니와
> 음행하는 자는 자기 몸에 죄를 범하느니라
> 너희 몸은 너희가 하나님께로부터 받은 바
> 너희 가운데 계신 성령의 전인 줄을 알지 못하느냐
> 고전 6:16,18,19

육신의 욕망과 은밀한 죄의 유혹에 수없이 무너져보았던 사람들이 육신의 정욕이나 음란한 마음을 어떻게 참느냐고 묻기도 한다. 나 역시 유혹에 무너진 경험을 하다 보니 죄의 유혹과 싸우려 하기보다는 적당히 죄를 짓고 사는 것이 불가피하다고 생각한 적이 있다.

그러나 이것은 내 죄가 드러났을 때 변명하며 빠져나갈 여지를 남겨놓기 위한 얄팍한 수단이었고, 세상 사람들의 방식으로 이해하려 한 잘못된 생각이었다. 죄를 지을 수밖에 없는 것을 전제로 하여 죄짓는 것을 정당화하는 것은 잘못이다.

그리스도인도 "어쩔 수 없이 적당히 죄를 지을 수밖에 없다"라고 말하며 죄짓는 것을 당연하게 여기도록 한다면 죄와 처절하게 싸우며 믿음의 길을 걸으려 했던 믿음의 선조들의 낯을 보기에 민망하게 될 것이 분명하다.

만일 내가 세상과 적당히 타협하고 살면서 내 자아가 살아나도록 한다면, 나는 언제든 하나님의 자리를 차지하려 반역을 하게 될 것이다. 내 안에서 나와 동행하시는 예수님을 무시하고 그분의 음성에 귀 기울이지 않는다면 나는 나를 앞세우게 될 것이고 또다시 죄의 유혹 앞에 무릎을 꿇는 패배를 경험할 것이 분명하다.

모든 이가 자신이 탕자임을 깨닫게 되는 것도 아니고, 모두가 회개하고 돌아오는 것도 아니다. 자신이 탕자인 것에 눈뜨는 사람도 있지만, 끝까지 탕자인 것을 깨닫지 못하는 사람도 있다.

그러므로 죄의 유혹에 넘어졌을 때 양심이 찔림을 받거나, 마음이 불편해지거나, 더럽고 냄새나는 옷을 걸친 것같이 느껴져서 자신이 죄인이며 탕자임을 고백하는 사람은 예수님을 만난 증거를 갖게 될 것이다.

> 만일 우리가 우리 죄를 자백하면
> 그는 미쁘시고 의로우사 우리 죄를 사하시며
> 우리를 모든 불의에서 깨끗하게 하실 것이요
>
> 요일 1:9

영혼을 지옥으로 끌고 가려는 사탄의 유혹은 집요하고 강력하지만, 성령의 검으로 무장한 그리스도인은 영혼을 지옥으로 떨어뜨리려는 사탄을 무서워하거나 두려워 숨을 필요가 없다. 내 안에 계신 예수님이 나와 함께하며 인도하심을 믿는다면 쾌락 뒤에 숨어있는 사탄을 보고 무서워하거나 도망치는 대신 검을 들고 맞서 싸울 수 있다.

중독과 습관적인 죄를 이기는 길

어떤 사람이 수십 년간 피워오던 담배를 끊었다. 그 사실을 알고 한 지인이 참 독하다고 하자, 담배를 끊은 사람이 "누가 독한가? 쥐도 독약인 줄을 알면 먹지 않는다"라고 말했다고 한다.

처음 이 이야기를 들었을 때 그 의도가 분명하게 느껴지지 않아 '독약인 줄 알고도 먹는 것은 사람이라는 것인가? 독약인 줄 알고 먹을 만큼 사람이 독하다는 의미인가? 담배를 피우는 사람이 쥐만도 못하다는 뜻인가?'라고 생각하기도 했다.

어쨌든 세상에서 육체의 쾌락을 위해 자기의 몸뿐만 아니라 영혼을 망치는 사람들을 얼마든지 볼 수 있는 것을 생각하면, 독약인 줄 알고도 먹을 만큼 독한 것은 사람인지도 모른다.

담배뿐만 아니라 게임이나 오락, 음란물, 술이나 마약과 같은 것이 몸과 영혼을 피폐하게 만드는 것을 알면서도 여전히 많은 사람이 중독의 함정으로 뛰어든다.

나의 음란한 마음은 육체의 정욕을 끊어내지 못했고, 내게는 육신의 탐욕을 조절할 능력이 없었다. 끊임없이 죄를 짓게 하여 죄에서 빠져나가지 못하도록 죄의 사슬에 묶어놓으려는 죄의 속성을 알게 되고서야 내가 죄 가운데 있을 때 왜 그토록 마음이 굳어있었는지 깨달았다.

뱀이 자기 몸을 칭칭 감고 있는 것을 좋아할 사람은 아마도 없을 것이다. 무언가에 속박당해 있는 것이 좋다고 말하는 사람을 만나본 적이 없다. 누구나 자유로움을 좋아한다. 그러면서도 죄를 지으면 죄의 사슬에 묶이고, 죄에 구속당하게 되는 것은 가볍게 여기는 것처럼 보인다.

죄를 범하는 자마다 죄의 종이라
요 8:34

소주에 밥을 말아서 먹을 만큼 술을 좋아하던 지인이 있었는데 그의 영이 변화된 후에는 술병을 보거나 술자리에서 누가 술을 권해도 마시고 싶은 생각이 조금도 들지 않는다고 했다. 술을 안 마시려고 술자리를 피하거나, 술을 먹고 싶은 마음을 숨기며 참거나, 다른 사람의 시선을 피해 몰래 마시는 것도 아니다. 술에 마음이 조금도 끌리지 않는 변화가 일어난 것이다.

담배, 도박, 마약이나 음란의 문제도 마찬가지다. 영이 거듭난 사람은 죄의 유혹을 의지적으로 참고 있거나 죄를 끊으려고 노력하고 있는 것이 아니다. 마음에 오신 예수님으로 인해 유혹이 힘을 잃었을 뿐이다.

어떤 청년이 술, 담배를 하면 지옥에 가느냐고 물었다. 술 먹고 담배 피우는 것이 죄는 아니다. 신실한 그리스도인이 술, 담배를 하지 않는 것은 교회가 끊도록 강요하거나 하지 못하게 하는 분위기 때문이 아니라 그 마음에 예수님이 계시기 때문이다.

그 청년이 술, 담배에서 눈을 돌려 예수님을 바라보는 시선을 갖게 되면 그는 자연스럽게 술, 담배를 원치 않게 될 것이고 자신의 질문에 대한 답을 스스로 찾을 수 있을 것이다. 누구든지 예수님을 만나 영이 변화되면 그분으로 인하여 세상을 이기는 경험을 하게 될 것이기 때문이다.

그리스도인의 경건은 경건하게 되려고 노력해서 만들어지는 것이 아니라 예수님으로 인해 경건하게 변화되는 것임을 알았다. 그리스도인이 술 마시고, 담배 피우고, 마약하고, 음란한 마음을 품고 있을 수 없는 것은 마음에 계신 예수님과 인격적 관계를 이룰 만큼 변화되었기 때문이다.

예수님과 친밀한 관계가 되면 술, 담배를 끊고 관심조차 없어지는 것이 자연스러운 일이 된다. 술, 담배뿐만 아니라 게임이나 도박, 음란 같은 중독에서 벗어난 승리자들의 공통된 증언은 예수님을 만났다는 것이다.

나는 예수님을 마음에 초청하기까지 오랜 시간이 걸렸고, 또 초청해 놓고도 그분이 내 마음에 계신 것을 의식하지 못했다. 내가 내 안에 계신 예수님과 가까워지기를 진심으로 원하지 않았던 것은 세상과 적당히 어울리는 즐거움을 완전히 버리고 싶지는 않았기 때문이다.

예수님이 내 안에 계심이 믿어져야 이긴다

"세상 사람도 다른 사람이 보고 있을 때는 음란한 짓을 하지 않는다."

하나님을 부인하는 사람이 자기들과 별반 다를 바 없는 교인들을 향하여 비웃듯이 한 말이다. 자기들은 음란하고 더러운 짓을 드

러내놓고 하지만, 교인들은 사람들 앞에서는 경건한 척하면서 뒤에
서는 은밀히 죄짓는 것을 알고 있듯이 말하는 것이다. 그 말은 교회
에 다니는 사람들이 자기들보다 더 음란하다고 말하는 것같이 들
렸다.

> 이는 내 사랑하는 아들이요 내 기뻐하는 자라
> 마 3:17

예수님이 세례를 받으실 때 들려주신 하나님의 음성은 모든 그리스도인이 세례를 받을 때 거룩한 영과 연합하여 거룩히 구별되었음을 선포하신 말씀으로 믿는다.

그러므로 예수님을 마음에 영접함으로써 거룩히 구별된 자가 되었음에도 아직 은밀한 죄에서 빠져나오지 못하고 있다면 예수님을 머릿속으로 믿는 믿음에서 벗어나 마음에 계신 예수님을 만나기를 간구해야 한다. 세상을 이기고, 음란한 마음을 이기고, 은밀한 죄의 유혹을 이기고, 습관적인 죄를 이기는 능력은 오직 예수 그리스도에게서 오기 때문이다.

예수 그리스도의 죽음은 어떤 방식으로든지 우리가 하나님과 바른 관계를 맺고 새 출발을 할 수 있게 해주셨다. 물과 성령으로 예수와 함께 죽고 그리스도 안에서 거듭난 생명이 되는 것은 하나님

의 형상을 회복하고, 하나님께서 창조하실 때 원하신 사람으로 돌아가는 영적 변화다.

인생을 어떻게 살아야 하는가에 관한 의문은 죽음을 경험한 후에 상당히 풀렸다. 여전히 많은 곳에서 주님과의 관계가 미숙할 때가 드러나지만, 이 땅에서부터 성도들과 친밀하게 지내며 장차 천국에서도 함께 있기를 원하시는 예수님의 마음을 느낄 수 있다.

> 예수께서 우리를 위하여 죽으사
> 우리로 하여금 깨어 있든지 자든지
> 자기와 함께 살게 하려 하셨느니라
> 살전 5:10

사람의 노력만으로는 사탄의 유혹을 이길 수 없는 것이 아담 이래 지금까지 증명되고 있다. 죄의 유혹을 내 의지로 이기려는 노력은 자주 물거품이 되곤 했는데, 이는 유혹을 이기고자 하는 마음 한편에는 세상이 줄 것 같은 행복을 꿈꾸는 마음도 같이 있기 때문이었다. 그리하여 유혹과의 전투에서 종종 승리할 때가 있었다 해도, 죄와의 전쟁은 자주 패배로 끝나고 말았다.

나 또한 내 의지와 노력으로는 사탄을 이길 수 없음을 인정하고 나서야 하나님께 무릎을 꿇었다. 예수님이 내 마음에 계신 증거를 달라고 기도했다.

  그리하여 예수님을 만나기 위해 발버둥 치는 단계를 넘어 예수님이 내 안에 계신 것이 믿어지는 체험을 하고 나서야 내가 이미 십자가에 못 박혀 죽은 자인 것을 알았다. 이제 내가 유혹 앞에 섰을 때 망설임 없이 돌아설 수 있게 된 것은 내 능력과 의지로 하는 것이 아니다. 내 안에 계신 예수님이 하시는 것이다.

07 회개

내게는 예배당 문턱만 밟고 다녔던 긴 시간이 있었고, 때로는 내 삶에서 하나님의 관여하심을 깊이 체험했던 순간도 있었지만, 믿음의 형성은 주로 책이나 설교로 얻어진 이론과 지식을 통해서였다. 그리하여 천국이 있음을 믿는다고 말은 했지만, 솔직히 말하면 그 믿음은 천국의 실재를 정말로 믿는 것이라기보다는 배움의 산물이었을 뿐이다.

죽음의 문턱을 넘을 때야 비로소 내가 예수님을 그리스도로 고백하며 살아온 지난 오랜 시간 동안 실제로는 주님을 거의 신뢰하지 않았다는 것이 여실히 드러났다. 그리하여 이 세상으로 돌아온 후, 나의 신앙을 점검해야 했다.

지난날, 내가 물과 성령으로 세례를 받음으로 나의 영이 거룩한 영과 연합하여 하나가 되고 내 안에 예수님이 계신다는 고백은 이론과 지식에 불과했음이 드러났기 때문이다.

그런 지식적인 믿음은 예배와 여러 계기를 통해 죄를 회개하여 하나님과의 관계를 회복하고 기쁨과 평안을 찾은 듯했지만, 세상의 즐거움에 대한 미련을 버리지 못하고 또다시 세상을 기웃거렸고, 육신의 쾌락에 대한 미련은 음란한 마음으로 짓는 죄를 끊어내지 못했다.

사람들은 술, 담배를 하지 않고 교회에서 성실히 봉사하는 내 겉모습만 보고 믿음이 좋다고 말했지만, 사실 내가 담배를 하지 않는 이유는 신앙 때문이 아니라 반듯한 삶을 사시는 아버지를 본받으려 했기 때문이고, 술을 마시지 않는 이유는 술에 취해 내 속마음을 남들에게 들키고 싶지 않았기 때문이었다.

교회에서 봉사 활동을 하는 것도 교회 사람들에게 칭찬받고 인정받기를 기대하고 바라는 교만한 속마음을 감춘 절제된 모습이었을 뿐이다. 사람들의 눈에는 내가 신앙적으로 문제가 없어 보였을 수 있지만, 하나님 보시기에는 죄와 허물은 깊숙이 감추고 좋은 면만 보여주려 했던 전형적인 '외식하는 자'였다.

마음을 숨기고 겉과 속이 다르게 사는 외식의 문제는 나 자신뿐만 아니라 하나님도 속이려는 것임을 깨닫고서야 이것이 결코 소소한 일이 아님을 알게 되었다. 또한 겉과 속이 다른 이중적 인격으로는 표면적이고 위선적인 삶에서 벗어나지 못하고, 예수님과 인격적인 친밀한 관계를 맺을 수 없다는 것을 알았다.

하나님을 알지 못하는 사람들이 자신의 죄와 허물을 자랑삼아 말하는 것을 들을 때가 있다. 그들은 죄와 허물을 부끄러워하지도 않고 세상의 즐거움에서 벗어날 마음도 없다.

그러나 하나님의 빛으로 거룩하게 구별된 그리스도인에게 죄와 허물은 숨겨선 안 될 일이고 자랑할 일은 더더욱 아니다. 그리스도인이 죄를 지었을 때 더럽고 냄새나는 누더기를 걸친 것처럼 느껴지는 것은 하나님의 거룩한 영이 더러운 마음에 계실 수 없기 때문이다.

예수님이 내 안에 계신 것이 믿어지기 전에는 하나님을 온전히 신뢰하기를 바라는 마음과 은밀한 죄를 버리고 싶지 않은 마음이 공존했고, 거짓으로 나를 포장하는 것을 허용했다. 내 영혼이 깨끗하게 되기를 바라면서도 예수님을 초청하기를 머뭇거렸다. 예수님이 내 마음에 오시면 나의 음란한 속마음을 들킬 것 같았기 때문이다.

하나님을 머릿속으로 믿는 단계를 넘어, 예수님이 내 안에 계시며 내가 행하는 것뿐만 아니라 품은 생각까지도 다 아신다는 것이 온전히 믿어지는 체험을 하고 나서야 하나님께 더 이상 숨길 것도, 하나님을 피해 숨을 곳도 없음을 인정하고 온전히 항복했다.

항복하기까지 쉽지 않은 긴 시간이 있었지만. 그럼에도 결국 항복한 것으로 하나님께 진심으로 감사하는 것은 상처의 치유와 가정의 회복은 나의 온전한 무릎 꿇음에서 시작되는 것을 알았기 때문이다.

회개한 영혼만이 천국에 들어간다

나는 회개의 의미를 잘 알지 못했다. 단순히, 지은 죄를 하나님께 고백하는 것이 회개라고 생각했다. 죄를 다시 짓지 않겠다는 입술의 고백으로 회개한 줄 알았다. 양심에 찔림을 받아 무릎을 꿇고 잘못을 자복하고 용서를 구하는 것으로 회개했다고 생각했다.

무지한 이들은 술에 취해 살고 덕이 안 되는 말을 입에 달고 살았던 것, 도박을 했던 것 등 부도덕한 행위에 죄책감을 느껴 앞으로 하지 않기로 결심하는 것 등을 회개로 생각한다.

기독교 신앙을 적대하고 조롱하다가 마침내 신앙을 인정하고 경건한 사람들과 어울리면 그것이 회개의 증거라고 생각한다. 어떤 이들은 지옥의 두려움에 공포를 느끼거나, 양심의 가책과 괴로움을 이기지 못해 행동을 고치기로 다짐했거나, 교회에 출석하며 예배에 참석하기로 작정한 것이 회개의 징표라고 여긴다.

추잡한 욕설이나 음탕한 말을 입에 올리지 않고, 술 취하거나 간음을 저지르지 않고, 남을 등치거나 해하지 않고, 교회에 잘 나가고 기도도 곧잘 하는 것을 회개한 성도의 삶으로 생각한다.

너무도 많은 사람이 육신과 자아의 탐욕스러운 욕구로 자신이 영혼을 통치하면서도, 단지 추잡하고 역겨운 죄를 짓지 않으려고 애쓰고 있다는 이유 하나만으로 회개했다고 말한다.

C. S. 루이스에 따르면, 회개한다는 것은 자만(self-conceit)과 자기의지(self-will)를 버린다는 뜻이다. 이것은 자신의 일부를 죽이는 것으로, 일종의 죽음을 겪는 것이다.

사실 회개는 선한 사람이 할 수 있는 일이다. 정작 회개가 필요한 사람은 악한 사람인데, 완전한 회개는 선한 사람만 할 수 있다. 악해질수록 회개의 필요성은 점점 더 커지지만 회개할 수 있는 능력은 점점 더 적어진다. 우리는 반드시 회개를 거쳐야 하지만, 우리에게는 회개의 능력이 없기에 하나님께서 도와주셔야 한다.

청교도 신학자 리처드 백스터(Richard Baxter)에게서 회개에 대해 배웠다. 회개는 내가 하나님 앞에서 영원히 죽을 수밖에 없는 죄인이라는 것을 진정으로 자백하고, 그리스도의 십자가 공로로 말미암은 용서의 은혜를 받아들이는 것이다.

예수님을 그리스도로 영접하고, 죄와 사귀던 심령을 철두철미하게 부수는 것이며, 죄의 본성을 지닌 인간으로서 죄와 맺었던 관계를 단절하는 것이다.

회개한 사람은 깨달음, 의지, 결단, 슬픔, 소망, 사랑, 기쁨, 생각, 말, 인간관계 등 모든 것이 새로워진다. 전에는 그렇게 아름답다고 생각했던 세상이 헛되고 괴로운 골칫거리가 된다.

그래서 오스왈드 챔버스는 회개란 사람의 한두 가지 혹은 수십 가지를 변화시키는 것이 아니라 삶의 목표와 방향을 완전히 전환하고 영혼을 총체적으로 변화시키는 것이라고 했다. 그는 회개해야만 하는 이유를 간결하고도 분명히 말해주었는데 죄는 절대로 거룩함과 함께 있을 수 없기 때문이다.

그의 말대로, 자기 죄를 깨닫는 사람은 유죄 판결을 받은 죄인이 아니라 하나님의 거룩하심을 깨달은 성도다. 빛이신 하나님 안에 거하면 우리는 그리스도의 피로 깨끗함을 받은 죄의 깊이를 조금 이해하기 시작할 것이다. 하나님은 그림자조차 없으신 빛 그 자체이며, 그분의 임재의 빛으로 가득한 거룩한 하나님나라는 회개하여 마음이 깨끗하게 된 영혼만이 들어갈 수 있다.

회개하여 하나님과 관계를 회복한 사람은 예수 그리스도의 영향력이 얼마나 강력한지 알게 될 것이다. 이 세상 마지막 날 그리스도인의 영혼이 평안히 하늘에 오르게 되는 것은 마음에 계신 예수님으로 인한 것이기 때문이다. 예수님이 마음에 계시는 그리스도인은 이 땅을 떠날 때 평안함을 경험하게 될 것이다.

나 같은 죄인 하나에게 부으신 은혜

교회를 비난하는 사람들에게 나는 그리스도인임을 숨기지 않음으로써 교회의 문제점과 부조리에 대해서 싸잡아 질타를 받기도 했다. 적어도 내가 그리스도인임을 부인하지 않았기에 그들에게는 하나님을 믿는 사람으로 보였을 수도 있지만, 내가 하나님을 온전히 신뢰하지 않았다는 것은 나도 알고 내 안에 계신 예수님도 아신다.

내가 입으로만 하나님을 믿는다고 말했던 증거는 많다. 내가 정말로 하나님을 신뢰했다면 거절할 수 없는 유혹이 손 내밀 때 기다렸다는 듯 덥석 잡지 않았을 것이다. 육신의 욕망으로 세상을 기웃거리지 않았을 것이고, 유혹에 무너진 것을 변명하고 합리화하며 또다시 죄에 올라타지 않았을 것이다.

그럼에도 내가 예수님 앞에 다시 설 수 있는 것은 흠 없는 사람이어서가 아니라, 넘어질 때마다 회개하고 다시 일어나 새롭게 시작할 수 있도록 내 안에 계신 예수님이 나를 회복시키시기 때문이다. C. S. 루이스의 말처럼, 그리스도인은 절대 잘못을 저지르지 않는 사람이 아니라, 넘어진 후에도 다시 일어설 수 있게 하는 그리스도의 생명이 그 안에 있는 사람이다.

예수 그리스도를 추상적으로 믿던 나는 내 안에 계시며 나와 늘 함께 계시는 그분과 동행하는 것이 일상 가운데 실제가 되는 훈련을 하면서 유혹 앞에서 망설임 없이 돌아설 수 있게 되었다. 유혹 앞에 완벽해졌다는 것이 아니다. 내가 십자가에 못 박은 예수님을 또다시 못 박을 수 없게 되었다는 것이다.

내 경우, 온 인류를 구하기 위해서 십자가를 지신 예수님보다 오직 나 하나, 그것도 죄인 중의 죄인인 나를 위하여 십자가를 지고 채찍에 맞으며 골고다 언덕까지 올라 손과 발에 커다란 못이 박힌 채 숨이 끊어질 때까지 십자가에 매달려 있어야 하는 고통을 겪으신 예수님이 나의 그리스도이심을 고백했을 때, 내가 받은 은혜가 어떤 것인지 실감할 수 있었다.

그러므로 내가 죽음 너머에서 하나님께 드린 감사는 거룩한 삶을 살았던 그리스도인에 비해 몇 곱절 더 컸을 것이다. 내가 용서받은 죄가 그들보다 훨씬 더 크고 많았을 것이기 때문이다. 그리하여 죽음에서 돌아온 후에 지인들에게 말했다.

"하나님의 은혜는 하늘보다 높고 바다보다 넓은 정도가 아니다. 한 사람, 그것도 나 같은 죄인 하나에게 부으신 은혜만으로도 온 우주보다 컸다."

내가 예수님을 낯선 사람처럼 대할 때는 '그래도 나는 착한 편'이라고 생각했다. 예수님을 멀리서 바라보며 그분 주위를 어슬렁거릴 때는 '나도 조금은 죄인'이라고 생각했고, 예수님을 만난 후에는 '나는 죄인 중의 죄인'이라고 고백하게 되었다.

이런 변화는 겸손을 가장한 말이 아니다. 누구든지 예수님을 만나면 바울이 왜 "나는 죄인 중에 괴수"라고 고백했는지 알게 된다. "나는 죄인입니다"라는 고백은 예수님을 만나 완전히 새로운 생명으로 거듭난 모든 그리스도인의 공통어인 것을 알았다. 예수님을 만나면 자기가 죄인임을 알게 되기 때문이다.

천국에 들어가는 사람은 천국에 들어갈 만큼 훌륭한 인품을 갖고 있거나 선을 많이 행해서도 아니고, 천국에 들어갈 확신을 지녀서도 아니다. 천국은 예수님으로 인해 자기가 죄인임을 깨닫고 회개하여 하나님과의 관계를 회복한 자의 것이다.

죽음의 그림자가 덮쳐오던 그 시각에 내가 경험했던 평안은 비록 내가 이 세상을 온전한 믿음으로 살지 못하고 수없이 반복하여 넘어졌을지라도, 회개하라는 음성에 순종했을 때 나를 불쌍히 여기신 하나님의 사랑이요 은혜였다.

죄를 인정하고 바로 회개하는 용기

다윗을 이야기할 때 사람들은 주로 골리앗을 떠올리지만, 내게는 회개를 가르쳐준 스승이다. 회개의 중요성을 아무리 강조해도 지나치지 않을 좋은 예가 다윗이다.

누가 보더라도 다윗이 사울 왕보다 큰 죄를 지었다. 음란한 마음을 이기지 못하고 간음을 저질렀고, 그 죄를 감추려고 살인까지

교사했다. 그러나 그는 자기 죄를 지적받았을 때 변명하지 않고, 죄인임을 인정하고 회개했다. 자신의 지위를 이용하여 감추거나 부인할 수 있었지만 그러지 않았다. 나는 다윗과 그의 후손이 대대로 받은 복이 여기에 있다고 생각한다.

반면 사울은 하나님의 택함을 입어 왕으로서 기름 부음까지 받았으나, 하나님보다 사람들의 시선을 더 의식함으로써 회개의 기회를 놓쳤다. 회개하지 않은 사울은 하나님께 버림받았다.

외도 사실이 드러났을 때 내가 방패막이로 삼은 것이 다윗이었다. 다윗의 회개를 배우지 못한 나는 다윗의 간음 사건을 크게 부각시켜 나의 죄를 물타기 하면서 적당히 넘어가려고 했다.

"나만 그런가? 남들도 다 그래. 다윗을 봐. 불륜을 저질렀을 뿐만 아니라 그것을 감추기 위해 살인 교사까지 했잖아."

궁지에 몰린 내가 빠져나가려고 둘러댔던 이런 말은 아내와의 관계를 최악으로 몰아갔다. 이렇게 곤란한 상황에서 벗어나기 위해 둘러대고 변명만 하던 나는 죄가 드러났을 때 잘못을 인정하고 곧바로 회개하는 것이 얼마나 어려운 것인지 깨닫고 나서야 다윗의 위대함을 알 수 있었다.

돌아보면, 죄가 드러났어도 마음을 열기보다는 여전히 숨기려 하고 변명하고 도망치려 했을 때 가장 많이 갈등하고 치열하게 싸운 것 같다. 열리지 않은 마음은 죄가 드러나는 것에 대한 두려움으로 둘러대고 변명하고 거짓말을 하게 했다.

그런 모습은 하나님을 믿는다고 말은 해도 사실은 하나님을 온전히 신뢰하지 못하고 예수님이 내 마음에 계신 것도 믿지 못하는 내 상태를 드러낸 것이었다.

영이 변화되었음을 믿지 못하는 믿음은 보이는 세상을 이기는 삶을 걷기보다는 여전히 도망가고 피하고 싶은 육신의 마음이 훨씬 강함을 보여주었다. 나는 아직 하나님의 살아계심을 정말로 믿는 믿음이 아니었다.

어느 날 퇴근길, 아직도 끊어내지 못한 그녀와의 관계로 인해 무거운 마음은 예배당 지하에 있는 기도실로 발걸음을 이끌었다. 늦은 밤 아무도 없는 기도실에서 죄로 추해진 모습 그대로 하나님께 무릎을 꿇었을 때, 하나님은 어린 시절 교회에서 뛰놀던 내 모습을 보여주셨다.

어렸을 적, 나는 교회 선생님들이 가르쳐주는 하나님과 예수님에 관한 말씀은 듣는 둥 마는 둥 귓전으로 흘리면서도 교회에 가는 것이 좋았다. 은근히 말썽도 잘 부려서 교회학교 선생님들의 마음을 어렵게 하기도 했지만, 교회는 그런 나에게 늘 든든한 울타리가 되어주었다.

집에서 놀다가도 예배당 종소리가 울리면 교회 마당으로 뛰어가 종탑 아래에 귀를 막고 서서 뎅그렁 울리는 종을 올려다보곤 했다.

때로는 종을 쳐보겠다고 고집을 피워 사찰 집사님을 귀찮게 하기도 했다.

하나님은 내가 철없이 뛰어놀 때도, 죄 가운데 헤매고 다닐 때도 다 지켜보고 계셨음을 알게 하셨다. 하나님은 내가 온전히 회개하기를 기다리고 계셨다. 주 안에서 한참 울었다.

너희도 만일 회개하지 아니하면
다 이와 같이 망하리라

눅 13:3

회개는 선택이 아니다. 회개한 사람의 마음에는 예수님이 거하신다. 회개한 사람은 자기의 삶을 사는 것이 아니라 그 사람 안에 계시는 그리스도께서 사시는 것이다.

죄가 드러나야 하는 까닭

세상 사람들은 죽음에 대한 두려움을 감추기 위해 죽음에 관해 나누기를 피하듯 죄에 대하여 나눔을 갖는 것도 매우 부정적으로 여긴다. 그들이 자기의 죄와 허물이 조금이라도 드러나는 것을 견딜 수 없어 하는 것이 느껴지곤 한다.

허물과 죄가 드러난 뒤에도 끝까지 부인하는 사회적 분위기 속에서 자기의 허물을 드러내고 나눔을 하는 것은 약점이 될 것이 분명하고 어리석은 짓으로 보일 것이다.

그럼에도 불구하고 내가 변화하는 과정에서 만난 그리스도인 가운데는 상처받은 사람의 아픔을 치유하기 위해 스스로 낮아짐을 선택하고 믿음의 본을 보여준 멘토들이 있었다.

죄를 드러내고 나눔을 하는 것을 세상은 이해하지 못할지라도 그리스도인은 죄를 감추어서는 안 된다. 마음을 열어 사람과의 관계를 회복하고, 회개하여 하나님과의 관계를 회복해야 한다.

죄를 고백하여 영혼을 깨끗하게 청소하려 할 때 악한 영은 고백하지 못하도록 방해한다. 그러므로 은밀한 죄에서 벗어나고 싶은 마음 한편에는 음란한 마음을 숨기려는 마음이 있고, 죄짓는 것으로 마음이 불편해지는 한쪽에는 죄를 절대 드러내지 말라고 완강히 저항하는 마음이 같이 있다. 마음 안에서 참과 거짓이 싸울 때 어느 편에 설 것인가?

> 그러므로 너희 죄를 서로 고백하며
> 병이 낫기를 위하여 서로 기도하라
> 약 5:16

내가 적당히 하나님을 믿을 때는 예수님과 친밀하게 동행하는 믿음의 길을 배우려 하기보다, 믿음 좋은 아내의 치맛자락을 붙잡고도 천국에 가겠다는 농담을 하곤 했다. 돌아보면 육체적인 쾌락을 탐닉하다가 죽을 때가 되면 회개하고 천국에 가겠다고 말했던 사람들보다 조금도 나을 바 없는 무지였다.

비록 농담이었다고 해도 하늘나라에 대해 이런 식의 농담은 내 믿음이 얼마나 형편없었는지를 보여주는 증거다. 그러나 지금의 나는 변화되었고, 이는 오랫동안 나의 변화를 위해 골방에서 기도했던 아내의 눈물과 그 기도의 응답이었음을 부인할 수 없다.

회개함으로써 죄와의 연결고리가 단절된 것으로 안심하거나 영혼을 깨끗하게 한 것으로 만족해서는 안 된다. 예수님이 없는 마음에는 더러운 영이 다시 들어올 수 있기 때문이다(마 12:29). 예수님을 마음에 초청해야 하는 이유가 바로 여기에 있다. 악한 영이 마음을 차지하지 못하도록 하는 능력은 예수님에게 있기 때문이다.

거부할 수 없는 유혹이 왔을 때 즉시 예수님의 도움을 요청할 수 있는 것은 그리스도인에게 주어진 특권이다. 눈을 뗄 수 없을 정도로 매혹적인 죄의 유혹이 왔을 때 예수님이 먼저 생각났다면 그것만으로도 매우 긍정적이라고 보는 것은 나는 그 정도의 믿음도 없었기 때문이다.

돈과 같은 물질의 유혹이든 은밀한 죄의 유혹이든 유혹을 물리치는 능력은 마음에 계신 예수님과 친밀한 관계에 달렸다. 그러므로 그리스도인은 마음에 계시는 예수님과 동행하는 훈련을 해야만 한다.

믿음을 지키기 위한 선한 싸움이 이 땅을 떠나는 날가지 끝난 것이 아닌 것은 악한 영은 그리스도인이 천국에 가지 못하도록 끊임없이 유혹하고 방해할 것이기 때문이다.

그러므로 마지막 날까지 예수님의 손을 놓으면 안 된다. 그리스도인이 죽음을 조금도 두려워하지 않는 것은 이 땅을 떠나는 날이 예수님 안에서 믿음의 완성을 선언하는 날이기 때문이다.

> 믿음의 선한 싸움을 싸우라 영생을 취하라
> 이를 위하여 네가 부르심을 받았고
> 많은 증인 앞에서 선한 증언을 하였도다
>
> 딤전 6:12

3부
마음의 상처와 치유

08 사랑과 믿음

어떤 사람이 한밤중에 길을 잃고 헤매다가 벼랑에서 미끄러졌다. 떨어지는 도중에 다행히 나무에 걸려 나뭇가지를 붙잡고 매달릴 수 있었다. 그는 사방을 향해 살려달라고 소리를 질렀으나 도와줄 사람이 없는 것을 알고는 하나님을 불렀다.
"하나님, 살려주세요!"
하나님이 즉시 응답하셨다.
"손을 놓아라."
그는 잠시 생각한 후에 다시 크게 소리 질렀다.
"여기 다른 사람 없어요?"
이 우스갯소리를 들었을 때 처음에는 그의 미련함을 비웃었다.

그러나 이 어리석은 사람이 다름 아닌 나 자신인 것을 바로 깨달았다. 내가 그 자리에 있었다고 해도 나 역시 하나님을 믿고 뛰어내리는 믿음의 점프를 할 수 없었을 것이기 때문이다.

"보이지 않는 것을 믿는 것이 믿음이고, 믿을 수 없는 것을 믿는 것이 사랑이다"라는 말을 어디선가 듣고, 이 땅에서 믿음과 사랑 중 어떤 것이 더 어려울지 엉뚱한 생각을 잠시 해보았다.

교회에 다니는 것이나 예배당에서 예배하는 것이 하나님을 믿는 거라고 생각한 시절이 있었다. 그리고 나는 교리에 따라 세례를 받고 입술로 예수님을 그리스도로 고백함으로써 온전한 그리스도인이 되었다고 생각했다.

믿음의 성장을 위해 성경책 읽을 것을 여러 차례 권유받았지만, 주로 설교와 관련하여 의문을 품었던 부분이나 부담을 주지 않는 말씀만 골라 읽었기 때문에 부분적인 지식만 있었을 뿐 말씀에 담긴 속뜻은 물론이고 말씀의 선후도 알지 못했다.

아내의 채근으로 성경책을 처음부터 끝까지 순서대로 읽은 후 말씀의 전체적인 맥락에 눈을 뜨기는 했지만, 육신의 눈으로 보는 성경 말씀은 이해할 수 없는 것이 너무 많았고, 성경 속의 초자연적 사건들은 신화와 다를 바 없었다. 그리하여 상식적이고 이성적으로 받아들일 수 있는 말씀만 골라 읽게 되면서 결국 절반짜리 성경책을 만들어놓았다.

어느 해인가 교회에서 일 년 동안 성경책을 가장 많이 읽는 사람에게 상을 주겠다는 공지가 있었다. 일등을 하고 싶은 욕심으로 시작했지만, 차츰 속도가 붙으면서 양적으로 많이 읽는 기회가 되었다.

그 당시 양껏 읽었던 말씀은 그 후 설교를 듣는 데 많은 도움이 되었다. 그리하여 성경 말씀을 좀 더 알고 싶어져서 많은 신앙 서적을 찾아 읽게 되었고, 믿음의 선조들이 오랜 수고와 체험을 통해 깨닫게 된 진리의 말씀을 빠르게 습득할 수 있었다.

그러나 영의 눈을 뜨지 못한 상태에서 읽는 말씀은 지식에 머물렀고 믿음의 선진이 가졌던 복음의 열정과 영적 말씀의 깊이를 담아내기는 어려웠다. 다만 그분들이 깨달은 깊은 영성의 증거들은 나의 영적인 호기심을 자극했고 믿음의 세계로 들어가는 문을 열게 했다.

그렇게 몇 해가 지난 어느 날, 믿어지지 않고 의문으로 가득했던 성경 말씀이 그대로 믿어지는 체험을 했다. 그 체험은 내 영을 깨웠고 보이는 세상을 넘어 보이지 않는 세상으로 들어가게 했다(당시에 성경을 계속 읽으면서 영적 거인들의 책도 함께 읽었는데 A. W. 토저부터 레오나드 레이븐힐, E. M. 바운즈, 오스왈드 챔버스, 리차드 백스터로 이어지는 다섯 분에게 많은 영향을 받으면서 성경 말씀이 깨달아진 것 같다. A. W. 토저의 책으로는 말씀에 눈을 뜨는 도움을 받았고, E. M. 바운즈의 책을 읽으면서는 말씀의 바다로 항해를 떠난 듯했으며, 다른 세 분에게도 큰 도움을 받았다).

광야 백성이나 나나

처음 성경을 읽을 때, 출애굽한 이스라엘 민족이 광야에서 보여준 일련의 행태는 말씀에 문외한인 내가 보기에도 이해가 되지 않았다. 그들은 하나님께서 모세를 통해 애굽 사람들에게 행하신 10가지 재앙을 보았을 뿐만 아니라 홍해가 갈라지는 것을 보고, 수 킬로미터나 되는 홍해를 발로 걸어서 건넌 증인들이기 때문이다.

하나님이 동행하며 행하시는 기적을 눈으로 직접 보고서도 어려움이 생길 때마다 불평하고, 원망하고, 선동하며 하나님을 전혀 신뢰하지 않는 모습은 믿음 없는 내 눈에도 답답해 보였다.

만약 내가 바다가 갈라지는 것을 보고 그 거대한 물 벽 사이를 걸어서 건넜다면 그 기적 하나만으로도 그 이후에 어떤 어려움이 닥칠지라도 불평하지 않을 것 같았다. 어려움이 닥치면 불만을 늘어놓기보다는 전능하신 하나님이 그 상황을 어떻게 지배하실지 기대할 것 같았다.

그러나 막상 내게 어려운 일이 생기자 보이지 않는 하나님보다는 도움을 줄 수 있는 사람이 먼저 생각났고, 지식에 머물러 있는 말씀은 내게 어떠한 능력이 될 수도 없었다. 머릿속으로 믿는 어설픈 믿음의 실체였다.

하나님께서 염려하지 말라고 말씀하셔도 어려움이 생길 때마다 걱정하는 내 모습은 광야의 이스라엘 민족과 조금도 다를 바 없었다. 내일 일은 내일이 염려할 것이라고 하셔도 내일을 걱정하면서 오늘을 보냈다.

하나님을 온전히 신뢰하지 못하고 의심의 마음이 일어나는 것에 대해 나는 바다가 갈라지는 것을 보지 못했고, 나를 지켜주고 인도하는 불기둥과 구름기둥이 없으며, 아침마다 만나가 준비되는 기적이 없기 때문이라고 핑계를 댔다.

그러나 하나님은 내게도 수많은 기적을 행하고 보호하고 인도하고 계셨다는 것을 알게 하셨다. 내가 막다른 길에 몰릴 때면 피할 길을 열어주셨고, 내가 세상을 헤쳐나가는 동안 보호하셨으며, 일용할 양식뿐만 아니라 입을 것과 쉴 곳도 준비해주셨다.

하나님은 내가 태어나기도 전부터 나를 지켜주셨다. 내가 모태에 있을 때 어머니가 혼자서 얼어붙은 강을 건너다 얼음 구멍에 빠져서 나오지 못한 적이 있다고 들었다.

초등학교 4학년 때 2층 옥상에 올라갔는데 밤나무 가지 끝에 달린 밤송이 안에 커다랗고 잘 익은 밤알이 눈에 들어왔다. 손을 내밀어 그 밤알을 꺼내다 몸의 중심을 잃었고, 떨어지는 두려움에 눈을 감았다. 시골 외할머니 집에 놀러 갔을 때는 자존심 때문에 수영을 못 한다고 말하지 못하고 시골 친구들을 따라 강을 헤엄쳐 건너다가 도중에 지쳐서 떠내려가기도 했다.

하나님께서 나를 위험에서 건져주신 많은 사례가 있지만, 그것으로 하나님의 살아계심을 증명하려는 것이 아니다. 나를 살려주시지 않았다고 해도 하나님은 그곳에 계셨다는 것을 알기 때문이다.

내 믿음이 연약했음에도, 주저앉고 싶을 만큼 힘들거나 눈물이 날 정도로 두렵고 어려울 때 나도 모르게 절박한 심정으로 하나님께 부르짖곤 했다. 그때마다 보이지 않는 힘이 그 상황을 지배하는 것을 느꼈으나 어려운 시간이 지나가면 어느새 하나님을 뒷전으로 밀어내고, 하나님께 묻지도 않고 그분의 응답을 기다리지도 않은 채 나를 앞세우는 것이 내 실체였다.

100이 아니면 0이다

내가 믿음을 제대로 이해하지 못하고 있을 때 목사님이 "아내를 사랑하나요?"라고 물으셨다.

"네, 그렇습니다."

"1에서 10 가운데 어느 정도라고 생각하나요?"

"음…, 아마 6이나 7 정도는 될 것 같습니다."

나는 그 정도면 아내를 많이 사랑하는 편에 속한다고 생각했다. 주변에는 5 정도도 안 되는 것 같은 사람들이 수두룩해 보였기 때문이다.

"100퍼센트 사랑하지 않는 것은 사랑하는 것이 아닙니다."

목사님의 말씀에 잠시 침묵이 있었다. 일면 수긍하면서도 한편으로는 의심의 꼬리가 세워졌다. 100퍼센트라는 말을 듣자 불가능하다는 생각이 먼저 떠올랐기 때문에 불쑥 이렇게 내뱉었다.

"어떻게 그렇게 사랑할 수가 있습니까?"

"아내에게 '99일은 당신과 자고 하루만 다른 여자와 자겠다'라고 하면 아내가 어떻게 말할 것 같나요?"

대답은 뻔했지만, 질문의 의도를 파악하기 위해 머릿속을 정리해야 했다. 당황스럽기도 했지만 '어떻게 100퍼센트가 가능해?'라는 의심이 다시 올라왔기 때문이다.

문득 아내와 데이트하던 시절이 떠올랐다. 아내가 내 마음의 전부를 차지하고 있을 때는 급한 일이 생겨도 아내가 원하는 것에 먼저 귀를 열었고, 마음이 조급한 상황에도 멈추어 아내의 말을 들어줄 여유가 있었다. 아내의 입보다는 눈을 보며 대화했고, 내 마음에는 시시콜콜한 이야기뿐만 아니라 아내의 잔소리를 담을 수 있는 공간도 있었다.

아내의 겉모양만 보기보다는 속마음을 깊이 들여다보려 했고 아내가 필요로 하는 것을 챙겨주는 마음이 있었다. 자나 깨나 아내만을 생각하던 그 당시에 똑같은 질문을 받았다면 당연히 100퍼센트라고 말했을 것이다.

그런데 지금은 60-70퍼센트 정도면 많이 사랑하는 편이라고 생각하고 있고, 그것이 정상이라고 여길 만큼 변질되었으면서도 깨닫지 못했다(죽음 앞에 섰을 때야 처음 사랑에서 한참 멀어져 있는 것을 알게 되고 죽음 너머에서야 믿음이 전부인 것을 알게 된 나는 참 미련했다).

"믿음도 그렇습니다. 적당히 타협한 믿음은 믿음이 아닙니다."

그제야 내가 하나님을 적당히 믿으면서도 하나님을 믿는다고 말하고, 아내를 적당히 사랑하면서도 아내를 사랑한다고 말한다는 것을 알았다.

여러 여자를 동시에 사랑할 수 있다고 생각하는 사람은 진정한 의미의 사랑을 알지 못할 것이다. 이같이, 하나님 외에 다른 것도 동시에 믿는 사람은 믿음이 무엇인지 모르는 것이다.

사랑을 육적인 의미로만 알고 있는 사람은 한 사람만을 영원히 사랑할 수 있는 사랑의 의미를 모르는 것이나 다름없다. 사랑의 열정이 식고 마음이 멀어지는 것은 그것이 육체적 사랑의 영역이기 때문이다.

그러므로 마음에 예수님이 없는 사람은 한 여인만을 끝까지 사랑하는 것이 사실상 불가능할 것이다. 한 여인을 택할 때 세상의 모든 다른 여자를 포기하기로 선언한 사랑은 이 세상 끝날까지 오직 그 여자만 사랑할 때 알 수 있는 영적인 사랑의 영역인 까닭이다.

누군가에게 사랑을 고백했다고 해서 사랑하는 관계가 되지는 않을 것이다. 사랑의 관계가 되기까지 오랜 기다림, 마음 졸인 시간들, 사랑 가득한 눈빛과 표정, 사랑하는 마음이 녹아 있는 말투와 진심이 담긴 행함이 따랐을 것이다. 온전한 사랑에는 말뿐만 아니라 당연하게도 그 말을 증명하는 행함이 들어있다.

마찬가지로 단순히 하나님을 믿는다고 고백했다고 해서 하나님과 신뢰하는 관계가 된 것은 아닐 것이다. 믿음과 행함은 가위의 양날과 같다고 하지 않던가. 하나님을 믿는 사람인지 아닌지는 입술의 고백뿐만 아니라 그의 행함으로 드러난다.

영혼 없는 몸이 죽은 것같이
행함이 없는 믿음은 죽은 것이니라
약 2:26

믿음을 증명하는 순전한 열매

가시나무가 스스로 무화과나무라고 끈질기게 주장한다고 해서 무화과 열매를 맺을 수 없다. 그렇듯이 온전한 사랑과 믿음인지, 불순물이 섞인 사랑과 믿음인지는 열매로 알게 될 것이다.

불순물이 섞인 극단적인 예를 보는 것은 어렵지 않다. 어떤 사람은 절에도 다니고 교회에도 간다. 부적을 몸에 지니고 다니면서 성경책도 갖고 다닌다. 무당을 찾아 점도 보고 하나님을 예배하기도

한다. 세상도 믿고 하나님도 믿는다.

이런 사람이 성경책을 가지고 예배당에 가서 예배의 자리에 앉아 손을 높이 들고 찬양하고 하나님을 믿는다고 고백한다고 해서 하나님을 믿는 사람이라고 할 수는 없을 것이다.

보험을 들어놓듯이 교회도 가고, 절에도 가고, 무당한테도 가는 사람은 비록 예배당에서 예배할지라도 하나님을 믿는 믿음이 무엇인지 모르는 것과 같다. 그리스도인의 믿음은 오직 하나님만을 믿는 믿음이다. 그리스도인은 한 사람만을 사랑하는 온전한 사랑과 오직 하나님만을 신뢰하는 온전한 믿음을 열매로 증명하게 될 것이다.

너희가 섬길 자를 오늘 택하라
오직 나와 내 집은 여호와를 섬기겠노라
수 24:15

교회에 다니면서도 적당히 물타기를 하며 하나님을 믿는 사람이 있다. 그들은 어차피 인간은 죄를 지을 수밖에 없다는 전제를 너무 잘 받아들인 나머지, 믿기만 하면 된다는 인식을 성공적으로 심어주고 있다. 그러나 하나님을 온전히 신뢰하는 믿음은 세상 사람들이 언제든지 필요에 따라 뒤집는 그런 천박한 믿음이 아니다.

물론 그리스도인도 허물이 있고 유혹에 무너지고 죄를 지을 수 있다. 하지만 온전한 사랑과 믿음의 사람은 죄를 죄로 인지할 수 있으며, 죄지은 것을 깨달았을 때 즉시, 그것도 변명 없이 잘못을 인정하고 사과하고 회개한다.

세상은 거친 말로 상처를 주고받으며, 변명으로 위장된 거짓말을 하고, 겸손으로 위장된 교만으로 자신을 드러내기를 조금도 주저하지 않는다. 자신이 세운 뜻을 자기의지와 노력으로 구현하며 끝없이 새로운 목표를 향하도록 장려하는 이 세상은 하나님을 믿고 의지하는 그리스도인을 능력도 없고 자기의지도 없는 연약한 사람으로 못질하려 한다.

그런데 세상뿐만 아니라 가정과 교회에서도 똑같은 일이 벌어지는 것을 어렵지 않게 볼 수 있다. 우리는 자기 뜻을 앞세우고, 내가 삶의 주도권을 쥐려고 하고, 자아실현을 위해 끝없이 더 높은 곳으로 오르려 하고, 세상을 거스르는 좁은 길보다 세상과 타협하는 넓은 길을 걷는 것을 당연한 듯 여긴다.

이는 그만큼 세상의 영향을 받았다는 증거다. 주님의 뜻을 묻기보다 자기의 필요에 따라 예수님을 들러리로 세우면서도 아무 문제의식을 느끼지 못할 만큼 세상은 우리의 마음을 물들여 놓았다. 그리스도인이 하나님을 의지한다는 것은 아무것도 하지 않은 채 기댄다는 의미가 아니라 어떤 상황에서도 하나님을 신뢰한다는 의미다.

다른 사람에게 자기 생명을 맡기는 것은 두려운 일이다. 나는 버스나 기차, 지하철과 같은 교통수단을 이용할 때는 무심히 탈 때가 많지만, 비행기를 탈 때는 기도한다. 그 두려움이 좀 더 분명해지기 때문이다.

    그러고 보면 세상 사람들이 자기 생명을 온종일 다른 사람의 손에 맡기고 있으면서도 하나님께 삶을 맡기고 사는 그리스도인을 이해하지 못하겠다고 말하는 것이야말로 모순이다.

09 가정

　마음을 솔직하게 열지 못하고 난처한 상황에서 빠져나가기 위해 변명으로 일관하며 아내의 마음을 어렵게 하던 때였다. 아내가 오래전부터 기도하며 마음에 두고 있던 교회로 옮길 것을 선언했다. 그리고 때마침 교회에서 주관하는 부부 세미나에 참여 신청을 했다.

　이전에도 아내는 기회가 있을 때마다 여러 차례 부부 상담을 원했지만, 하나님께 온전히 항복하지 못하여 마음이 굳어있던 나는 이런저런 핑계를 대며 피해왔다. 그러나 이번에는 거절할 어떤 명분도 찾을 수 없었기 때문에 끌려가는 심정으로 참석할 수밖에 없었다.

　세미나 첫째 날, 아내를 따라 억지로 참석한 나는 찬양과 예배를 드릴 때까지도 마음이 열리지 않았다. 자아가 시퍼렇게 살아 있는 마음은 꿈쩍도 하지 않았고, 굳은 마음으로는 세미나에 집중할 수 없었다.

오전 내내 하늘에서 불이라도 떨어지는 기적이라도 일어나기를 기대하는 심정으로 한 걸음 뒤로 물러나 관망하고 있었지만, 순전한 마음으로 섬기는 자비량 봉사자들의 헌신적인 수고를 보면서 마음을 굳게 걸어 잠근 채 겉돌고 있는 나 자신이 부끄러워졌다.

가정을 세우기 위한 세미나는 하나님이 세운 관계의 우선순위에서 시작되었다.

"첫째가 부부 관계요 둘째가 자녀와의 관계이고 셋째가 부모와의 관계다."

어머니와 아내 가운데 누가 더 중요한 관계일까? 고회 밖에서도 비슷한 우문을 여러 차례 받은 적이 있는데 그때마다 어머니와 아내의 우선적 관계를 정하는 것이 말이 되지 않는다고 생각했다.

예전의 어떤 교회에서도 이 문제를 성경적으로 접근한 적이 없었기 때문에 가정에서 우선적 관계를 세우는 것을 처음 들었을 때는 받아들이기가 쉽지 않았다. 가정 회복의 출발점으로서 관계의 우선순위를 배웠지만, 낯설고 마음이 불편했다.

"가정의 시작과 마침은 부부다. 가정에서 관계의 중심은 부부여야 한다. 모든 관계는 여기에서 시작된다."

부부 관계를 가정의 제1순위로 정한 것은 부모가 덜 중요하다는 것도, 자녀가 두 번째로 중요하다는 것도 아니다. 가정이 세워지기 위해서는 무엇보다 먼저 부부 관계가 바로 세워져야 한다는 것이다. 그러나 부부 관계에 대해 세상적인 시각으로만 알고 있던 내게는 부부의 우선적 관계를 세우는 것이 어렵다고 느껴졌다.

"결혼은 남녀가 각각 그 부모를 떠나 한 가정을 이룬 것이므로 부모는 자녀가 결혼하면 몸뿐만 아니라 마음에서도 독립시켜 주어야 한다. 결혼한 자녀를 위해 어떤 형태로든 지원할 수는 있지만, 결혼 전처럼 간섭하려 해서는 안 된다."

두 인격체가 하나가 되는 부부 관계는 하나님이 원하셨던 본래의 가정의 모습이다(엡 5:31).

문제가 없는 가정은 없다

세미나에서 우리 가정의 상처를 치유하는 동안, 다른 가정의 문제를 통해 우리 가정의 문제를 객관적 시각으로 들여다볼 수 있었고, 다른 가정의 아픔에서 우리 가정의 아픔을 알 수 있었다.

우리 가정뿐만 아니라 여러 가정이 부부 갈등으로 생긴 마음의 상처와 아픔을 숨기고 있으며, 고부 관계로 어려움을 겪으면서도 이 관계에 대해 성경적으로 배운 적이 없어서 해결하지 못하고 있다는 것이 피드백 과정에서 드러났다.

그동안 말로 주고받은 상처와 다툼으로 마음이 멍들고 지쳐서 이혼까지 생각하고 온 부부가 있었다. 그런데 부부가 치열하게 싸웠다는 것은 배우자를 포기하지 않았다는 긍정적인 증거였고, 이것은 그동안 서로에게 입힌 상처로 회복이 불가능할 것처럼 보였던 부부에게 위로가 되기도 했다.

정작 이들보다 겉보기에 큰 갈등이 없어 보이는 부부의 상처가 더 큰 것이 드러나기도 했다. 아내가 묻어두었던 상처를 꺼냈을 때야 가정의 평화가 가면을 쓴 가짜였다는 것에 충격을 받는 남편도 있었다. 치료의 때를 놓친 육신의 병이 암과 같은 치명적인 병이 되듯이 마음의 병도 방치되면 치유할 수 없는 것을 알고 난 후에야 아내의 신음을 잔소리로 들었던 것에 미안함을 표현하기도 했다.

내가 그랬듯 남편들 대부분은 아내 마음의 상처가 얼마나 큰지 몰랐고, 상처의 치유를 시급한 문제로 여기지 않았으며, 그 상처와 아픔은 시간이 지나면 저절로 치유될 것으로 생각했다.

한 가정의 아픔은 다른 가정과 크게 다르지 않았다. 어떤 가정은 회복을 위해 상처의 치유를 위한 손을 잡기도 했지만, 대부분은 회복을 원하면서도 어떻게 치유가 이루어지는 것인지 잘 모르고 있었다.

가정 회복을 위해 마음을 열어야 하지만, 부부 갈등과 상처를 감추고 사는 것이 조금도 이상하지 않은 이 세상에 익숙해진 마음으로는 비록 그리스도인일지라도 감춰진 죄와 상처의 아픔을 다른 사람 앞에서 드러내기가 쉽지 않았다.

처음에는 사람들이 상처와 아픔을 꺼내는 것을 어색해하고, 가정의 부끄러운 속내를 드러내는 것을 불편해했다. 그러나 가정의 회복을 위해서 마음의 상처가 치유되어야 한다는 데 공감하면서 마음가짐이 달라지기 시작했고, 예수 안에서의 나눔은 차차 사람의 시선을 의식하지 않을 만큼 바뀌었다.

부부의 갈등과 아픔을 공유하면서 공감대가 형성되었고 나눔에 부정적이고 완강하게 저항하던 마음이 녹아내리기 시작했다. 가정 문제를 내가 아닌 아내의 시각으로 보게 되니 문제 대부분은 닫힌 마음 때문인 것을 인정하게 되었고, 내가 가정에 대해 얼마나 무지했는지, 가족 관계에 얼마나 서툴렀는지, 대화에 얼마나 미숙했는지 알게 되었다.

온전한 회복을 위해서는 상처를 받은 사람뿐만 아니라 상처를 준 사람도 치유되어야 한다는 것을 이러한 일련의 과정을 통해 알게 되었다. 상처의 치유는 상처를 준 사람의 변화에서 시작되기 때문이다. 이 당연한 것을 깨닫는 데 너무나 많은 시간을 허비한 것이 마음 아팠다.

건강한 싸움을 포기하지 말라

세상도 자기 뜻만 고집하지 말고 배우자를 배려하라고 가르친다. 그들도 배우자를 행복하게 해주기 위해서는 자아를 내려놓아야 하는 것을 알고는 있지만 내려놓는 법을 모른다. 그래서 마음에 그리스도가 없는 사람들이 행복이 자기에게 있는 것을 알지 못하고 배우자에게서 행복을 요구하며 서로 상처 주는 것을 흔히 볼 수 있다.

예수님을 만나기 전에 나는 삶의 무게에 눌려 주저앉고 싶을 때 내 눈물을 스스로 닦았다. 그러나 예수님이 내 안에 계신 것을 알고 난 후에야 내가 아내와 자녀의 눈물을 닦아줄 때 아내와 자녀가 내 눈물을 닦아주는 것을 알게 되었다.

이렇듯 참 뒤늦게 배운 것은 또 있다. 배우자가 나를 위해 동행하는 것이 아니라 배우자를 위해 내가 동행하고, 배우자가 행복할 때 내가 행복하게 되는 부부 관계의 비밀을 이제야 알았다. 내 숟가락을 내가 내 입에 넣는 대신 배우자의 입에 넣어주는 지혜도 배웠다. 가족을 위해 시간과 공간을 언제든지 내어줄 수 있게 된 변화는 내 마음에 계신 예수님으로 인함이다.

싸우지 않고 산다는 부부들이 있다. 그 가운데는 둘이 하나가 되는 믿음의 비밀을 깨닫고 주 안에서 배우자를 위해 자기의 자존심을 내려놓고 서로를 섬기며 사는 부부가 있다.

그러나 어떤 부부는 배우자의 삶을 존중하기 때문에 서로의 삶에 끼어들지 않아서 싸울 일이 없다고 말한다. 그것을 서로 삶의 방식을 존중하고 부부싸움을 피하며 사는 좋은 방법으로 인정하는 사람들도 있다. 심지어 외도해도 좋으니 들키지만 말라는 부부와 그 말에 공감하는 사람들도 보았다.

그런 말과 태도는 배우자를 배려하는 것 같지만 실제는 배려를 가장한 무관심이다. 육적인 부부 관계만 알고 있을 뿐 둘이서 하나가 되어야 하는 영적 부부 관계는 알지 못하기 때문이다.

한 지붕 아래에 살면서 갈등과 다툼이 없다면 그것이 오히려 비정상일 것이다. 때로 지나친 관심이 부담스럽거나 배우자의 시선에서 벗어나고 싶은 마음이 들 수도 있지만, 당연하게도 부부는 서로에게 관심이 있어야 한다. 무관심은 부부 관계를 포기한 것이나 다름없다.

내가 유혹에 넘어져 다른 여자에게 시선을 빼앗긴 것을 알았을 때 아내는 이 문제를 피하지 않았다. 그 배후에 내 영혼을 두고 치열한 영적 싸움이 있는 것을 알았기에 하나님 앞에 올려놓고 기도했다. 배우자가 죄 가운데 있는 것을 알면서도 가정의 평화를 운운하며 방관한다면 부부가 아니라 단순한 동거인일 뿐이다.

결혼으로 하나 되는 것을 부담스럽게 여기는 사람은 마음에 드는 사람을 만났어도 동거를 택하기도 한다. 그러나 동거인은 상대방을 위해 자기를 내려놓는 영적 사랑을 배울 수 없다.

동거하는 사이에도 얼마든지 사랑할 수 있고 희생할 수 있다고 말하는 사람이 있지만, 만일 그가 보이는 사랑의 의미를 넘어 영적으로 하나가 되는 사랑의 의미를 정말로 깨닫게 된다면, 그는 그 즉시 동거인에게 무릎을 꿇고 결혼을 청하게 될 것이다.

부부가 하나 되어 살아가면서 하는 잔소리는 반쪽으로는 설 수 없는 반쪽들이 균형의 추를 맞추어가는 소리다. 남편에게 하는 잔소리는 아내의 특권이다. 잔소리는 가장 가까운 사람에게 할 수 있는 쓴 약과 같아서, 듣고 싶지 않아도 들어야 하는 소리다. 어릴 적에는 엄마의 영역이었고, 부부가 되어서는 아내의 몫이다.

곁에서 잔소리하는 아내가 없다면 자유로울 것 같지만, 그 자유로움은 남편을 갈 곳 잃은 노숙자처럼 되게 할 것이다. 그러므로 아내는 남편의 최대 지지자인 동시에 견제자다.

그리스도인의 가정은 하나님이 원하시는 본래의 모습으로 회복되어야 한다. 가정의 회복은 상처의 치유에서 일어나고, 상처의 치유는 상처를 준 사람의 변화에서 시작된다. 상처를 준 사람의 변화는 베드로를 통해 보여주신 예수님의 사랑에서 시작된다.

영적 연합이 아름다운 가정을 이룬다

세미나 둘째 날, 죄의 종으로 살지 않겠다는 결단의 시간이 있었다. 자기 죄를 A4 용지에 적어서 나무 십자가에 못 박는 퍼포먼스였다. 한 쌍씩 단상에 올라가 십자가 아래에서 회개 기도를 한 후, 단상 아래에 준비된 나무 십자가에 죄가 적힌 종이를 올려놓고 직접 못을 박았다.

내 차례가 되었다. 나의 죄를 십자가에 올려놓고 망치로 내리쳤다. '탕' 하는 소리가 세미나실에 크게 울려 퍼졌다. 소리가 너무 크다는 생각이 든 순간, 환상 가운데 예수님의 손에 못질하고 있는 사람이 보였다.

그의 얼굴을 보고 깜짝 놀랐다. 예수님의 손에 못을 박고 있는 사람은 바로 나였다. 내가 예수님을 십자가에 못 박고 있었다. 울컥 울음이 터졌다. 소리 내어 울었다. 목사님이 다가와 안아주었다. 그렇게 목사님의 품에서 아이처럼 울었다.

세미나 마지막 날, 목사님의 주례로 십자가 아래에서 성경책 위에 손을 얹고 혼인 서약을 했다. 철없을 때의 결혼식과는 다른 뭉클한 감동이 있었다. 비록 교회에서 마련해준 종이 화관을 쓰고 값싼 구슬 반지를 아내의 손가락에 끼워주었을 뿐이지만, 세상의 어떤 결혼식보다 감동적이었다. 참여한 모든 부부가 새로이 거듭나는 부부에게 따뜻한 마음을 전하고 진심으로 서로 축하해주는, 잊을 수 없는 혼인 서약식이 되었다.

세미나를 통해서 배운 것이 많다. 예수님이 내 마음에 계신 것을 모를 때는 죄와 허물은 감추고 싶었고, 감추어야 했다. 그러나 예수님을 만나면 더 이상 그럴 수 없는 것을 알았다.

마음의 상처 치유와 가정의 회복을 위해서 나의 죄와 허물을 사람들과 공유하고 나눔을 하는 것은 여전히 부끄럽다. 하지만 내가 나의 자존심을 지키려 하고 마음을 여는 것을 가로막으려 한다면 아직 예수님을 만나지 못한 증거가 될 것이다.

예수 안에서 마음을 열고 나누는 것이 얼마나 큰 영향력이 있는지 알게 되자, 몸과 마음으로 느끼는 사랑만으로 아름다운 가정을 이룰 수 있다고 생각하는 이들에게 예수 안에서 영적으로 하나 되는 부부 관계를 알리고 싶었다. 또한 갈등의 골이 깊어진 부부에게는 마음의 상처와 아픔을 치유하는 길을 알려주고 싶었다.

세상에도 부부를 위한 세미나가 있다. 세미나를 통해 부부의 상처가 치유되고 갈등이 봉합되는 경험을 하기도 한다. 그러나 예수님을 만나지 못한 마음은 자아를 완전히 포기할 수 없기에 치유와 회복은 일시적이고 부분적일 수밖에 없다. 그리하여 다시 예전 상태로 돌아가는 것을 볼 수 있다.

그리스도가 내재된 마음만이 근본적으로 변화할 수 있음을 알았다. 내가 겪어야 할 죽음의 고통을 대신하신 예수님의 사랑을 깨달을 때야 자아의 죽음을 받아들이고 선포하고 십자가 앞에 무릎을 꿇을 수 있기 때문이다.

시간이 상처를 저절로 낫게 하지 않는다

가정 세미나를 통해 배운 또 한 가지는 하나님과의 관계뿐만 아니라 사람과의 관계도 회복해야 한다는 것이다. 사람과의 관계 회복은 상처받은 사람의 아픔을 위로해주는 길일뿐만 아니라 상처를 준 사람의 변화를 위한 길이기도 하다.

내가 하나님께 회개하는 것으로 충분하다고 생각할 때 아내는 지은 죄를 하나님 앞에 회개해야 하지만 진정한 관계의 회복을 위해서는 상처를 준 사람에게도 진심으로 잘못을 인정하고 고백하는 것이 필요하다고 했다. 심지어 자녀에게 상처 준 것을 알았을 때 잘못을 시인할 뿐만 아니라 무릎을 꿇는 심정이 되어야 한다고 말했다.

존 스토트도 "죄를 끊어버리기 위해 하나님께 자복하고 회개해야 하지만 상처받은 당사자에게 용서를 비는 것도 필요하다"라고 말한 바 있다. 하지만 마음의 상처를 치유하고 가정의 회복을 위해서는 뼈를 깎는 듯한 아픔을 겪더라도 이런 과정을 거쳐야 한다는 아내의 말을 받아들이기는 쉽지 않았다.

땅끝이자 동시에 가장 가까운 선교지인 가정에서부터 관계 회복을 시작해야 하는 것을 배웠지만, 마음을 솔직하게 여는 것은 어려웠다. 어둠에서 밝은 곳으로 나오는 것에 대한 두려움은 온전히 항복하기를 거부했고, 나 때문에 상처받은 가족에게 미안한 마음이 있으면서도 미안하다고 말하는 것조차 어렵게 했다.

　아내와의 관계는 마치 깨어진 도자기 같았다. 깨어진 관계를 회복하는 것은 산산이 조각난 도자기를 다시 붙이는 것과 같이 불가능해 보였다. 조각들을 붙여 놓는다고 해도 붙인 자국은 그대로 남아 깨어지기 전과 같은 모양으로 돌아갈 수 없다.

　그렇듯, 상처가 치유된다 해도 이전과 같지는 않을 것이기에 아내의 마음에 남아 있을 흉터로 인해 마음이 아팠고, 이후로도 그 흉터를 볼 때마다 상처의 기억이 되살아나 마음이 평안하지 않을 것이 분명했다.

　그런데 어느 TV 프로그램에서 한 장인이 깨어진 도자기 조각들을 옻을 사용해 조심스럽게 붙이는 것을 보았다. 그는 깨어졌던 자국이 보이지 않게 감추려 하는 대신 오히려 그 자국을 이용해 독특하게 디자인된 새로운 형태의 도자기로 재탄생시켰다.

　깨어진 도자기가 독특한 도자기로 새롭게 태어나는 것을 보면서, 비록 상처의 흔적은 남아 있을지라도, 무너진 신뢰 또한 거짓의 가면을 벗어버림으로써 회복될 가능성을 보았다.

　훗날 돌아보면서, 마음의 상처를 치유하지 않은 채로 사는 것은 거짓의 가면을 쓰고 사는 것과 다를 바 없다는 것을 알았다. 가면을 바꿔 쓰며 위장된 행복으로 아픔을 가릴 수 있을 것 같지만, 시간이 아무리 흘러도 마음의 상처와 아픔은 저절로 치유되지 않았다.

불가능해 보였던 가정의 회복은 마음의 상처를 치유하는 것에서 시작되었고, 아내가 받은 상처의 치유는 상처를 준 나의 변화에서 시작되었다. 그리스도인은 "사람은 변하지 않는다"라는 세상의 말이 틀렸음을 증명할 수 있다.

죄는 빨리 드러나는 게 복이다

마음의 상처가 치유되기를 원하면서도 내면의 아픔을 드러내는 것을 피하는 사람 중에는 드러난 상처로 인하여 또 다른 상처를 입는 경험을 한 사람도 있었다.

세상은 다른 사람의 약점을 알게 되면 그것을 뒷말의 소재로 삼아 수군거리기도 하고 약점으로 삼아 공격하기도 한다. 따라서 세상의 방식으로 상처 문제를 해결하려 했을 때는 그 효과가 일시적이거나 오히려 악화되는 것을 볼 수 있다.

그러므로 부부 관계의 온전한 회복을 위해서는 예수님의 도움이 절대적으로 필요하다. 마음의 상처 치유와 가정의 회복이 예수 안에서만 가능한 것은 신실한 그리스도인은 다른 사람의 상처를 알게 되었을 때 그 아픔을 치유하기 위해 뒤에서 기도하는 중보자가 되기 때문이다.

또한 상처의 치유와 가정의 회복을 위해서는 주님 안에서 나눔을 하는 것이 중요함을 알았다. 신실한 그리스도인의 나눔은 마음을 열게 했기 때문이다.

그러자면 체면으로 만들어진 거짓의 가면을 벗어야 하는데 가면을 벗는 것은 사람들 앞에서 자신의 죄를 고백하는 것만큼이나 엄청난 용기가 필요했다. 이것이 세상 사람에게는 불가능해도 그리스도인에게는 가능하다. 그는 이미 옛 자아가 죽은 사람이기 때문이다.

그리스도인의 정직한 나눔을 위해서는 위선적 삶을 살았던 내가 먼저 나의 허물과 죄를 드러냄으로써 그 씨앗이 되어야 한다고 용기를 준 사람은 아내였다.

죄를 드러내는 것에 완강히 저항하던 내가 아내의 말에 순응한 것은 숨기고 싶은 죄와 허물이 이 땅에서 드러나는 게 잠깐은 부끄러움일 수 있지만, 하나님 앞에서 드러날 때는 어떻게 되는지 그 두려움을 알았기 때문이다.

"죄는 빨리 드러나는 게 복이에요."

내가 죄와 허물을 드러내고 공개적으로 나눔을 하는 것을 알게 된 둘째 아들이 한 말이다.

아내에게 이 말을 전해 들었을 때 부끄러움으로 소름이 돋았지만, 숨기기보다는 드러내기를 잘했다는 생각은 달라지지 않았다. 닫힌 마음으로는 하나님과의 관계든, 사람들과의 관계든 회복될 수 없는 것을 알았기 때문이다.

> 만일 우리가 우리 죄를 자백하면
> 그는 미쁘시고 의로우사 우리 죄를 사하시며
> 우리를 모든 불의에서 깨끗하게 하실 것이요
>
> 요일 1:9

    죽음 너머에서 돌아온 후 마음에 상처의 아픔이 있는 사람들이 보였고 그들의 치유를 위해 기도하고 싶었다. 처음에는 상처받은 사람만을 위한 시작이었으나 온전한 회복을 위해서는 상처를 준 사람 또한 치유되어야 하는 것도 알았다. 마음의 상처로 힘들어하는 사람들과 아픔을 나누고, 상처의 치유와 가정의 회복을 위해 기도하는 것은 내 안에 계신 예수님의 것이다.

    마음의 상처는 반드시 치유되어야 한다. 치유된 마음은 세상을 보는 시각을 바꾸고, 가정을 회복하게 하기 때문이다. 그리고 가정에서부터 숨겨진 상처를 드러내고 아픔을 치유해야 하는 이유는 그리스도인의 가정은 이 땅의 작은 천국이기 때문이다. 가정은 반드시 회복되어야 한다.

10 관계

　오래전, 속회 모임에서 일제의 신사참배 강요와 공산당의 위협 속에서도 믿음을 지켰던 믿음의 선구자들의 삶에 대해 나눔을 할 때였다. 모임에 참여한 사람들이 제각기 결연하게 말했다.
　"나도 그분들처럼 죽음에 굴하지 않고 순교하겠다."
　"공산당의 총칼 앞에서도 믿음을 지키겠다."
　나도 질세라 그 대열에 올라탔다.
　"죽임을 당하는 순간에도 예수님을 부인하지 않겠다."
　모임을 마치고 돌아오는 길에 아내가 내게 배움을 주었다.
　"당신이 순교의 자리에 서게 되면 끝까지 예수님을 부인하지 않을 것이라 믿어요. 하지만 그렇게 커다란 일에서만 믿음을 증명하는 것은 아니에요. 오히려 작은 일에서 믿음으로 사는 것이 더 어려울 수 있어요."

그랬다. 지극히 작은 자에게 베푼 작은 선행이 염소 아닌 양으로 구별되게 하고, 나를 가까이서 지켜보는 가족이 내 믿음의 증인이 된다. 나의 속마음을 모르는 많은 사람에게 그리스도인으로 인정받는 것보다 나의 뒷모습까지 다 알고 있는 가족에게 신실한 그리스도인으로 인정받는 것이 훨씬 더 어려울 것이다.

나는 아이들 앞에서 선한 말과 선한 행함으로 좋은 본을 보여주려 했지만, 아이들은 오히려 아무도 보는 사람이 없다고 생각한 곳에서 무심히 말하고 행했던 나의 뒷모습에서 훨씬 더 큰 영향을 받고 있었다.

가정의 회복을 위해 분명하게 인정하고 고쳐야 할 문제는 자녀가 잘못한 것에 대해서는 조목조목 질책하고 훈계하면서도 나 자신의 허물과 죄에 대해서는 입을 다무는 것이었다.

자녀의 상처를 치유하기 위해서는 내가 잘못한 것을 인정하고 자녀에게 용서를 빌어야 한다는 것을 알게 되었지만, 열리지 않은 마음으로는 "미안하다, 잘못했다"라고 말하는 것조차 쉽지 않았다. 가정의 회복을 위해 내가 먼저 변해야 하는 것을 알게 되고서도 여전히 아이들을 바꾸려 했던 것이다.

하나님의 시선을 잃어버리고 세상의 시선으로 자녀를 보았던 나는 믿음으로 응원하지 못했고, 자녀를 신뢰하지 못하는 마음을 잔소리로 메우고 있었다.

예수님으로 인하여 내 자아가 완전히 죽었음을 선언한 후에야 집에서 밥하고 청소하고 세탁기 돌리고 아이들과 씨름하면서 하루를 정신없이 보낸 아내가 눈에 들어왔다.

그제야 내가 아닌 아내와 자녀가 보였다. 내가 아내와 아이들을 위해 존재하고 있는 것이 아니라, 아내와 아이들이 나를 위해 존재하는 것을 그제야 알게 되었다. 내가 변하자 가정이 변하기 시작했다. 미련하게도 이 당연한 것을 깨닫는 데 너무나 많은 시간을 허비했다.

관계에서 드러난 나의 미숙함

사람과의 관계에서 내가 자주 저질렀던 잘못은 상대방의 좋은 점보다는 부족한 점이 더 잘 보였다는 것이다. 그런 마음으로는 그들이 내 곁에 존재하고 있는 것에 감사하기보다는 그들의 작은 실수에도 불평하게 되었다.

상대방을 판단하고 불평하는 마음이 있으니 "다른 사람을 나보다 낫게 여기라"(빌 2:3 참조)라는 말씀은 들어도 들리지 않고, 많은 경우 나 자신을 못 박는 대신 다른 사람을 십자가에 못 박았다.

관계의 미숙함은 특히 가정에서 드러났다. 내가 일하고 있는데 아내가 도움을 요청할 때 짜증부터 나는 것이나 아이들과 함께 있을 때 시간을 어떻게 보내야 할지 모르고 허둥대는 것은 사실상 내가 가족과의 관계에서 얼마나 미숙한지 보여준 증거였다.

어느 날부터인가 나의 일이 우선이 되기 시작하면서 내 생각과 일을 앞세우게 되었다. 그게 우리 가정을 위하는 일이고 내가 열심히 사는 것은 가족을 사랑하기 때문이라고 생각했다. 그런 마음에서 아내와 아이들은 뒷전으로 밀려나기 일쑤였다.

방바닥에 있는 물건을 의도치 않게 차거나 밟았을 때 나의 부주의를 인정하고 사과하기보다는 물건을 아무 곳이나 둔 아이를 탓하려 했고, 필요한 공구나 필기구를 찾지 못하면 물건을 제자리에 두지 않은 다른 누군가에게 책임을 물으려 했다. 크고 중요한 것 위주로 생각하다 보니 작고 소소한 일에서 상처를 많이 주었다.

아이가 성적표를 가지고 왔을 때 성적의 결과에 상관없이 칭찬해 주기보다 더 좋은 성적을 기대한다고 말하는 것이 덕담하는 거라고 생각할 만큼 관계에 미숙했다.

아이의 생각을 듣기보다는 내 생각 강요하기를 좋아하고 내가 심판자가 되어 아이의 행동을 판단하는 마음으로는 올바른 관계를 세울 수가 없었다. 많은 경우 짜증 난 얼굴을 감추려고 가면을 썼으나 목소리에 담긴 속내는 숨길 수 없어서 아내와 아이들에게 상처가 되었다.

　나의 옛사람이 죽었음을 모르고 있을 때는 가정을 내 중심으로 끌고 가려 하는 마음에서 배우자의 마음은 무시되었고, 자녀 편에서 상황을 들여다볼 여지가 없어서 자녀와의 관계도 일방적인 것이 되었다. 내 눈에 좋아 보이는 것을 강요하면서도 그것이 자녀를 위한 것이라고 생각하는 마음에는 하나님의 시선이 배제되었다.

　부모가 자녀에게 상처를 주는 것은 사실상 자녀의 문제로 인한 것이라기보다 자녀에 대한 부모의 세상적인 시각에서 기인한 경우가 대부분이다. 이것은 그리스도인의 가정에서도 크게 다르지 않았다.

　부모는 장차 험난한 세상을 살아가야 할 자녀에게 먼저 세상을 살아본 선배로서 인생의 좋은 길, 지름길을 가르쳐주는 것을 당연하게 여기지만, 자녀와의 관계에서 일어나는 문제의 핵심은 하나님을 신뢰하지 않는 부모의 믿음 부족에 기인한 것이다.

　주변 사람들에게 배려심이 많고 좋은 성격을 가졌다는 평을 듣는 지인이 있다. 그러나 그는 자기 아들에게는 무척이나 엄격하고 권위적이어서 자기가 세운 기준을 아이에게 강요했다. 그는 잔소리하고 간섭하는 것이 아들의 장래를 위한 아버지의 당연한 역할이라고 생각했기 때문에 아들의 마음이 어두워지고 상처가 깊어지는 것을 알지 못했다.

　아들과 오랫동안 갈등을 겪으면서도 자신의 잘못을 인정하지 않왔던 그가 어느 날 나눔의 자리에서 문제가 자기에게 있음을 알게 되었다고 고백했다.

"아빠는 TV나 유튜브를 보면서 나는 공부하라고 방으로 밀어 넣는다. 엄마는 맞는 말을 기분 나쁘게 한다. 부모님은 우리에게 무엇이 필요하냐고 묻고는 부모님이 주고 싶은 것을 준다."

어느 초등학생이 했던 말이다. 단순히 아이들의 불평이라고 생각했지만 사실상 자녀와의 관계에 대해 제대로 알고 있지 못한 어른의 문제였고, 아이들을 위해 잔소리한다고 생각했지만 사실상 부모 자신의 문제에서 비롯된 것임을 모르고 있다.

가까이에 있는 소중함을 알라

세상과 타협하며 적당히 믿고 있던 시절의 어느 날, 마음에 음성이 있었다.

"너는 하나님 한 분만으로 만족하느냐?"

이 물음 앞에 내 믿음이 바닥을 드러냈다. 바로 대답하지 못했고, 마치 커다란 돌덩이를 가슴 위에 올려놓은 것같이 갑갑해졌다. 세상을 살아가기 위해서는 하나님 외에도 많은 것이 필요했기 때문이다. 또 다른 물음이 이어졌다.

"너는 아들을 하나님께 바칠 수 있느냐?"

머리를 가로저었다. 맏이는 결혼 후 한동안 아이를 허락하시지 않아 눈물로 기도하던 아내에게 하나님이 크리스마스 선물로 주셨고, 둘째는 여러 번의 유산 끝에 12년 만에 허락하신 선물이다. 내 믿음으로는 아이들을 하나님께 바치겠다는 말이 입 밖으로 나오지 않았다.

결혼 전에, 아브라함이 이삭을 하나님께 바치는 말씀을 읽을 때는 그저 성경책에 나오는 이야기였다. 그 당시에는 자녀를 바쳐야 하는 아브라함의 마음을 헤아리려 하지 않았고, 했다고 해도 아브라함의 아픔을 느끼지 못했을 것이다.

결혼하고 아이가 태어난 후에야 자녀를 하나님의 손에 온전히 맡기는 것이 어떤 심정인지 느낄 수 있었다. 이삭을 데리고 모리아 산으로 떠나는 아브라함의 뒷모습이 머릿속에 그려지고 그의 등 뒤에서 아픔이 느껴지는 것은 아버지의 마음을 조금은 알게 되었기 때문이다.

그제야, 이제껏 생각해본 적 없었던, 하나님 아버지와 외아들 예수님의 관계를 이해할 수 있었다. 예수님을 십자가에 매달도록 이 땅으로 보내야만 했던 하나님의 아픔은 나를 위한 것이었는데 나는 아들을 하나님께 온전히 맡기기를 망설였다.

가족 중 한 사람, 특히 자녀를 병이나 사고로 불시에 잃는 불행한 일을 당한 사람이 큰 변화를 겪는 것을 보게 된다. 신실하게 신앙생활을 잘하는 것 같았던 어떤 사람은 사랑하는 자녀를 잃은 충격으로 하나님의 살아계심을 의심하며 하나님을 떠났다. 갑작스러운 불행으로 방황하지만, 결국 저항을 멈추고 하나님 앞에 무릎 꿇고 항복하여 고통을 감사로 바꾸는 사람도 있었다.

갑작스러운 사고로 사랑하는 사람을 잃은 고통은 당사자 외에는 아무도 알 수 없을 것이다. 어떤 말도 위로가 되지 않고, 아픔을 이기는 것은 불가능해 보인다.

그리하여 불시에 불행을 당한 사람이 "하나님이 계신다면 어떻게 이런 일이 내게 일어날 수 있느냐?"라며 하나님을 떠나 세상으로 나갈 때, 나는 침묵을 지킴으로써 그에게 동조하듯 그의 옷을 들고 있던 자 같았다.

그러나 먼저 이 세상을 떠난 사랑하는 사람이 건강하고 아름다운 모습으로 하늘나라에서 기다리고 있는 것을 알게 된 지금, 아픔을 이겨내고 하나님 앞에 엎드리는 사람이 너무나도 귀해 보인다.

가까이 있을 때는 그 소중함을 알지 못하다가 다시는 볼 수 없게 되어서야 후회하는 사람들의 가슴 아픈 이야기를 종종 듣게 된다. 어떤 사람은 가족 가운데 한 사람을 갑작스럽게 떠나보낸 뒤, 그 빈자리가 실감이 나지 않아 방문을 열어본다든가 전화를 걸기도 한다고 했다. 어떤 엄마는 하늘나라로 간 딸아이가 곁에 있는 줄 알고 무심히 말을 건넨다거나 문 열어달라는 딸아이의 목소리를 듣고 문을 열어준 적도 있다고 한다.

관계 회복의 기회를 놓친 사람들이 공유하고 있는 후회는 대부분 한 번 더 사랑한다고 말하지 못한 것이거나 미안하다고 말하지 못한 것과 같은 단순한 것들이었다.

나는 부모님에게 카드나 편지로는 사랑한다고 표현하긴 했지만 "아버지, 사랑합니다. 엄마, 사랑해요"라고 직접 말한 적이 없다는 것을 부모님이 돌아가시고 나서야 알았다. 부모님이 당연히 알고 계시리라 생각했기 때문일 수도 있고, 부모님 앞에서 말하기가 쑥스럽거나 나중에 얼마든지 기회가 있을 것이라고 미루었기 때문일 수도 있다.

마지막 선물

죽음의 문턱에서 깨달은 것은 역설적이게도 죽음이야말로 삶의 가장 중요한 순간이라는 것이다. 죽음이 가까이 다가올 때 이 땅에서 내가 알게 모르게 영향을 주고받았던 사람들이 떠올랐다.

그들 가운데는 내가 상처를 준 사람도, 나에게 상처를 준 사람도 있었다. 그들에게 사랑하는 마음과 미안한 마음을 표현하지 못하는 것이 안타까웠다. 지금 내가 느끼고 있는 마음을 그들에게 그대로 전할 수 있다면 얼마나 좋을까?

내가 상처를 준 사람에게 용서를 구하고, 내게 상처를 준 사람을 용서할 수 있는 마음에 대해 헨리 나우웬은 '나 자신이 영적으로 자유로워지는 기회'이며 또한 '남은 사람들에게 선한 영향력을 끼치는 선물'이 될 수 있다고 했다.

숨을 거두기 전, 적어도 나는 나에게 상처를 준 사람을 용서해야 하는 것을 깨달았다. 나에게 상처를 준 사람을 용서하는 마음이 일어나고, 용서하지 못할 것 같은 사람까지도 용서하게 되는 것은 훨씬 더 큰 내 죄가 용서받았다는 것을 깨닫게 되기 때문이다.

> 너희가 각각 진심으로 자기 형제자매를 용서해주지 않으면,
> 나의 하늘 아버지께서도 너희에게 그와 같이 하실 것이다.
> 마 18:35 새번역

이 땅을 떠나기 전 내가 어떤 선택을 하느냐에 따라 내 죽음은 남은 사람들에게 생명을 줄 수도 있고, 단순한 죽음으로 끝날 수도 있다는 것을 알았다. 만일 쓴 뿌리를 정리하지 못하고 죽는다면 나

로 인해 상처받은 사람들, 특히 가족의 마음을 계속하여 어렵게 할 것이 분명했다.

아이러니하게도 죽어가는 사람이 살아 있는 사람에게 평안과 자유로움을 줄 마지막 선물을 선택할 수 있는 것이다. ㅇ 세상을 떠나는 자리에서야 비로소 '남겨진 사람들과 좀 더 일찍 관계를 회복했다면 얼마나 좋았을까?' 하는 후회가 밀려들었다.

암에 걸려 시한부 선고를 받은 사람에게 남은 시간을 병원 침상에서 보내기보다는 조금 더 의미 있게 보내기를 바라는 마음으로 버킷리스트를 만들게 하고, 죽기 전에 읽어야 할 책이나 죽기 전에 꼭 가봐야 할 곳으로 여행하기를 권하기도 한다.

그러나 그리스도인은 죽음의 선고를 받으면 해야 할 일이 있는 것을 알게 된다. 그전에는 깨닫지 못했던 시간의 소중함과 그동안 마음을 열지 못하고 표현하지 못했던 것에 대한 미안함, 무심히 지나쳤던 것들에 대한 후회, 그리고 상처를 준 사람에게 용서를 빌어야 하는 것을 깨닫는다.

그리하여 가족에게 하지 못했던, 사랑하는 마음과 미안한 마음 표현하는 것을 배우고, 사랑하지 못하고 용서하지 못했던 사람과 화해하고, 상처를 주었던 사람들과 관계를 회복하는 버킷리스트를 완성한다. 세상 사람에게 시한부의 삶은 단절이요 슬픔이요 아픔이지만, 그리스도인에게는 남아 있는 사람들과 관계를 정리하고 회복하도록 주어진 시간이다.

사실상 모든 사람이 시한부의 삶을 사는 것과 다름없다. 그러므로 주 안에서 남은 날을 계수하며 사는 그리스도인들이 깨달았던 관계 회복을 늦지 않게 해야 함을 배웠다.

지나가는 사람의 뜻이 중요한가?

결혼 초, 내 열심으로 살아가던 때의 이야기다. 같은 상황을 두고 너무 다른 결정을 하는 아내가 이해되지 않았고, 누구의 판단이 옳은지를 두고 빈번한 충돌이 있었다. 그 당시 나는 "지나가는 사람 붙잡고 물어봐, 누가 맞는지"라는 말을 자주 했다. 나는 내 생각이 옳다는 데 거의 올인했다.

돌아보면 나는 하나님께 묻기보다는 지인들에게 세상의 상식적인 범주의 지혜를 물었다. 남자들은 대부분 남편의 권위가 우선인 편이었고, 여자들은 지혜롭고 예리한 아내의 의견을 따라야 한다는 데 한 표를 던졌다.

많은 경우 나는 하나님께 묻기도 전에 내가 보기에 좋아 보이는 대로 일을 처리하려 했고, 기도의 자리에 앉았을 때도 내가 원하는 것을 일방적으로 하나님께 통지하듯 알리고 이루어달라며 떼를 썼다. 한동안 이런 상황을 겪으면서 알게 된 것은 나는 사람 보기에 좋은 것을 택했고, 아내는 하나님이 보시기에 좋은 것을 택했다는 것이다.

가정에서 어떤 결정을 해야 할 때는 "누구의 생각이 옳은가?"라며 사람들에게 묻지 말고, 남편도 아내도 아닌 주님께 뜻을 여쭙는 데로 나아가야 한다. 주님께 여쭤보고 그분의 음성에 귀를 기울이며 예수님과 친밀히 동행하는 사람이 되어야 한다.

이제는 내 눈에 아무리 좋아 보이고 틀림없어 보이는 길일지라도 아내가 다른 견해를 가지고 있으면 일단 멈추어 선다. 이렇게 하는 것이 쉬울 것 같지만 내 눈에 뻔히 좋아 보이는 길을 두고서 주님이 다른 길로 인도하실 때 순종하는 것은 쉬운 일이 아니다.

하나님께서 일러주시는 대로 순응했을 때 당장의 결과가 항상 좋았던 것도 아니었다. 그러나 돌아보면 이해되지 않고 손실로 보였을 때조차 준비된 것이었음을 알게 된다. 순종의 결과는 전혀 예상치 못한 곳에서 기대하지 않은 열매를 맺게 했다.

바울과 바나바는 2차 전도 여행을 앞두고 바나바의 생질 마가로 인해 말다툼을 벌이다 결국 갈라선다. 나는 두 사람이 다투는 것을 이해하지 못했다.

바울은 아시아에서 말씀을 전하려 했으나 성령께서 그를 유럽으로 건너가게 하신다. 비록 빌립보에서 옷이 찢기고 매를 많이 맞고 옥에 갇히는 어려움을 겪기도 하지만, 바울은 유럽에 복음의 씨앗을 뿌리게 되고, 루디아를 비롯한 여러 믿음의 형제를 얻는다. 또 그 2차 여행에서 데살로니가 사람들이 예기치 못했던 수혜자가 된다.

그뿐 아니라 시간이 흐른 후 바울이 로마의 옥에 갇혀있을 때 마가가 바울 곁에서 돕는 것을 보면(딤후 4:11 ; 골 4:10 참조) 두 사람의 어려웠던 관계에 기대하지 않았던 회복이 일어난 것을 알 수 있다. 주의 말씀을 따라갈 때 이해할 수 없는 경우가 많지만 돌아보면 그 가운데 주님의 뜻을 이루게 되는 과정임을 알게 된다.

예수님과의 친밀한 관계

예수님이 내 마음 안에 계신 것을 믿게 된 후에 달라진 것이 무엇인지 궁금해하는 사람들이 있다. 가장 먼저 떠오르는 변화는 혼자 있을 때도 나를 보고 계시는 예수님의 시선에 눈을 떴다는 것이다.

그전에도 하나님께서 하늘나라에서 내려다보고 계신다고 믿었지만 머리로 믿는 믿음이었고, 예수님이 내 안에 계신 것을 믿는다고 말은 했지만 그 고백은 설교로 듣거나 책으로 배운 지식일 뿐이었다. 사실상 예수님이 내 안에 계시는 것이 믿어지지 않았고, 거룩한 영과 어떻게 지내야 하는지도 몰랐다.

"예수님이 내 안에 계신다"라는 고백은 머릿속으로 그분을 생각하고 있다거나 본받고 있다는 뜻이 아니다. 그 고백의 진정한 의미는 C. S. 루이스가 말했듯 그리스도께서 실제로 나를 통해 움직이고 계신다는 것이다.

예수님을 추상적으로 믿을 때는 예수님이 내 마음에 계신 것이 불편하다고 생각했다. 그러나 예수님을 만난 후에는 예수님이 내 안에 계신 것이 불편하지 않다. 오히려 숨길 것이 없으니 마음이 편하다. 이것은 가족에 대한 내 마음에도 영향을 주어, 아내나 아이들에게도 숨기는 것이 없어졌다.

혼자 있을 때도 그분의 시선을 느끼며 주님께 묻고 주님의 응답에 귀를 기울이며 사는 관계의 훈련은 그리스도인에게 믿음이 실제가 되기 위한 과정임을 알았다.

오스왈드 챔버스는 "거룩한 영과 하나 된 영은 하나님의 뜻을 알 수 있다"라고 말했는데 어디까지가 하나님의 뜻인지, 지금 벌어지고 있는 상황이 하나님의 뜻인지 아닌지 분별하는 것을 나는 오랫동안 어려워했다. 일이 잘되면 하나님이 함께하시는 증거라 여기며 기뻐하고 잘되지 않으면 하나님의 뜻이 아니라고 의심하는, 지극히 인간적인 생각에서 벗어나지 못했기 때문이다.

하나님의 뜻을 묻는 기도를 할 때도 내가 보기에 좋아 보이는 편을 택하고 싶은 마음이 다른 것들을 밀어내서 사실상 내가 원하는 것을 하나님이 해주셔야 하는 것처럼 떼를 쓰기도 했다.

이것은 하나님과 동행하는 것이 얼마나 대단한 일인지 알지 못했기 때문이고, 어떤 것이 하나님의 뜻인지 구별하기 어렵다고 투덜거렸던 것은 하나님과 나를 대등한 위치에 놓고 내가 하나님을 판단하고 있기 때문인 것을 알았다.

내 생각과 뜻을 미리 정해 놓고 하나님을 내 뒤에 세우는 믿음으로는 하나님을 온전히 신뢰하는 믿음이 무엇인지를 알 수 없고, 하나님을 내가 저질러놓은 일의 뒤치다꺼리나 하는 분으로 대접하고 그분을 내 생각에 끼워 맞추는 정도의 믿음으로는 하나님이 인도하시는 길이 마음에 들지 않을 때 따라갈 수도 없다.

그러므로 믿음이 삶에서 실제가 되기 위해서는 따라가기 싫은 마음조차 내려놓는 순종의 연습이 필요했다. 그리하여 영이 완전히 변화된 그리스도인은 평탄하고 좋은 길로 인도하실 때뿐만 아니라 마음에 들지 않고 이해가 되지 않을 때도 순종함으로써 삶에서 말과 행함이 일치되는 믿음으로 살아야 하는 것을 알게 되었다.

마음 열기는 내 공간과 시간을 여는 일

인터넷 서핑을 하고 있을 때 아내나 아이들이 갑자기 집에 들어오면 화들짝 놀라 화면을 바꿔놓곤 했다. 비록 죄를 짓는 것은 아닐지라도, 가족에게 숨기려 하는 것이 있거나 가족과 함께 시간을 보내는 것보다 더 좋아하는 것이 있다면 마음이 온전히 열린 게 아니라는 증거일 수 있다. 그것이 인터넷 서핑이나 게임이든, 낚시와 같은 취미 생활이든, 골프와 축구 같은 스포츠든.

내 마음에 계신 예수님과 친밀해지기 전에는 아내가 외출하거나 친구들과 여행을 가면 드러내놓고 내색하지는 않았지만 속으로 쾌재를 부르곤 했다. 아내의 눈치를 보지 않고 마음대로 할 수 있다는 생각만으로도 자유를 얻은 듯했고, 늦은 시각까지 유튜브를 보거나 언제든지 라면을 끓여 먹을 수 있다는 생각만으로도 기분이 좋았기 때문이다.

그러나 이것은 내게 언제든 아내의 굴레에서 벗어나고자 하는 마음이 내재하고 있다는 증거였고, 뿌리칠 수 없는 유혹이 왔을 때 싸워보지도 못하고 무너질 수밖에 없는 마음 상태를 나타내는 것이기도 했다.

마음이 닫힌 상태는 가볍게 여길 일이 아니다. 닫힌 마음으로는 가족을 위해 내가 하고 싶은 것을 포기하지 못한다. 억지로 참거나 의지를 가지고 노력할 수는 있겠지만, 일시적이고 부분적이다. 온전히 열리지 않은 마음은 거절할 수 없는 유혹이 손 내밀 때 거부하지 못한다.

부부가 하나 되어 사는 것이 실제가 되기 위한 훈련을 시작했으나 그 과정은 절대 만만치 않았다. 오래전부터 작고 사소한 것에서부터 함께하기를 요구하며 부부 관계에 방해가 되는 장애물을 하나씩 허물어가던 아내가 휴대폰의 비밀번호를 공유하자고 했을 때는 최후의 방어선을 지키는 심정으로 저항하기도 했다.

그러나 예수님의 시선을 피해 도망갈 수 있는 곳이 어디에도 없음을 인정하고 마침내 항복했을 때, 그토록 지키려 했던 나만의 공간과 시간의 성들은 모두 함락되었다.

나만의 시간과 공간이 없으면 내 존재 또한 없어질 것 같았는데 막상 예수님에게 항복을 선언하고 나니 마음이 평안함으로 채워졌다. 예수님에게 숨길 것이 없으니 사람의 시선을 의식할 필요가 없고, 들킬까 조바심하거나 긴장할 일도 없으니 오히려 모든 것에 자유로워졌다. 예수님과 친밀해지는 연습을 하니 실제 삶에서 여유와 배려의 공간이 넓어졌다.

전에는 아내에게 미리 말을 하면 동의하지 않을 것이 뻔했기 때문에 나는 대부분 알리지 않고 일을 저지르곤 했다. 그러나 이제는 일상의 작고 사소한 일들, 무엇을 하고 어디로 가고 무엇을 먹을지 결정하는 일에 내 것을 내려놓을 수 있게 되었다(물론 지금도 아내의 눈에는 여전히 부족한 것이 많이 보이겠지만).

지금은 열린 공간에서 열린 시간을 보내다가도 언제든 가족이 부르면 함께할 준비가 되어 있다. 그동안은 나만의 공간과 시간의 필요성을 앞장서서 주장해왔는데 이제는 아내가 곁에 있는 것이 좋다. 어디를 가도 아내와 같이 가는 것이 좋고, 취미 생활도 같이해야 좋다. 동네에서 산책할 때나 바닷가, 둘레길을 걸을 때도 아내의 손을 잡고 걷는 것이 좋다.

내가 부부의 하나 됨을 잊어버리고 내 공간, 내 시간, 내 자존심을 지키려는 마음이 일어나게 된다면 이것은 부부 관계를 무너뜨리려는 악한 영의 소행인 것을 잘 알고 있다. 그러므로 부부가 하나 되어 사는 훈련은 이 세상 끝날까지 끝난 것이 아니다. 만일 예수 안에서 배우고 깨달은 것이 실제가 되지 못한다면 관계의 의미는 퇴색하고 부부의 하나 됨은 다시 금이 갈 것이다.

종종 일하고 있을 때 아내가 산책하자고 한다. 예전에는 하던 일을 도중에 멈추면 흐름이 끊어진다는 생각으로 짜증이 났지만, 이제는 언제든지 하던 일을 덮고 순순히 따라나선다. 산책하는 시간은 아내의 손을 통해 마음을 담는 시간이 된다. 지금 맞잡은 아내의 손은 내가 죽어갈 때 그토록 잡고 싶었던 바로 그 손이다.

11 동행

　세상은 삶을 산에 오르는 것에 비유하곤 한다. 오르막길과 내리막길, 인내의 고통과 성취감을 맛보는 과정이 삶과 닮았다고 생각하기 때문이다. 산에 오르는 것은 산의 정상에 서는 것을 목표로 한다. 정상에 서지 못하면 낙오자로 여겨지므로 세상은 정상만을 바라보고 정상을 향해 걷게 한다. 그런 세상의 마음은 질투, 경쟁, 싸움을 필연적이고 당연한 것으로 보며 사랑, 겸손, 양보는 나약한 사람으로 여기게 한다.

　그리스도인은 이 세상을 광야에 비유한다. 광야는 끝이 보이지 않고 정해진 길도 따로 없다. 하나님만 바라볼 수밖에 없는 환경이다.

　나는 하나님이 인도하시는 길이 유일한 길인 줄을 알면서도 막상 어려움이 닥치면 더 좋은 길은 없는지 두리번거렸다. 있는 것에 감사하기보다 없는 것으로 불평하는 것은 이스라엘 민족을 닮았고, 눈에 좋아 보이는 곳을 좇는 마음은 소돔을 택한 아브라함의 조카 롯과 닮았다.

하나님과 동행하면서도 불평하는 것은 하나님을 신뢰하지 않는 증거라는 것을 이스라엘 민족이 증명했고, 육신의 눈에 좋아 보이는 길을 좇는 것은 멸망으로 가는 길임을 롯이 증명했다.

고통과 고난, 아픔과 슬픔은 이 세상의 것이다. 그러므로 이 땅에서 사는 동안 염려와 아픔과 고난과 같은 것들은 세상 사람뿐만 아니라 그리스도인에게도 동일하게 일어난다. 다른 것이 있다면 반응이다. 그리스도인에게 이 땅의 크고 작은 고난은 믿음이 드러나는 시험이다. 세상 사람들에게서 불평을 낳는 고난이 그리스도인에게는 하나님을 신뢰하는 기회가 된다.

장거리를 목표로 뛰어본 사람은 뛰는 도중에 느끼는 심적 갈등과 육체적 고통을 잘 알 것이다. 더는 견딜 수 없는 지경에 이르렀을 때는 단 한 걸음을 내딛는 것도 말로 표현할 수 없는 엄청난 고통이다.

그 고통의 순간을 경험한 이들은 공통적으로 "포기하는 것은 쉽다. 포기하지 않았기 때문에 힘든 것이다"라고 말한다. 많은 경우 포기하는 사람과 포기하지 않는 사람의 차이가 종이 한 장 차이로 드러나는 것은 우연이 아니다.

아마도 거의 모든 사람이 삶의 고단함과 아픔이 무엇인지 알 것이다. 그러나 고통은 잊고 있던 예수님을 찾게 하고 그분에게 가까이 다가가는 기회가 되기도 한다.

톨스토이가 "삶의 본질은 육체 속에 있는 것이 아니라 내면에 있다. 우리는 이 세상을 살아가는 것이 아니라 지나가고 있는 것이다"라고 말했다고 전해진다. 사도 베드로도 그의 서신에서 그리스도인들을 "나그네"라고 불렀다.

> 사랑하는 자들아 거류민과 나그네 같은 너희를 권하노니
> 벧전 2:11

> 너희가 나그네로 있을 때를 두려움으로 지내라
> 벧전 1:17

자신이 이 세상을 잠시 머물다 지나가는 나그네임을 깨달은 그리스도인은 어려움을 보는 시각이 다르다. 이 땅에서 떠날 마음이 없는 사람은 이 세상의 수고에서 벗어날 수 없지만, 주님이 부르실 때 언제든지 훌훌 털고 떠날 준비가 되어 있는 그리스도인은 이 땅의 고된 수고 속에서도 예수님을 바라볼 수 있다.

앞서, 심근경색의 고비

패혈증으로 죽음을 경험하기 1년 전쯤에 심근경색으로 죽음의 위기를 넘긴 적이 있다. 그날은 7월의 마지막 주일이었다. 저녁 식사 후 쉬고 있을 때 가슴이 조여들며 답답해지기 시작했다.

평소에는 이럴 때 두 손으로 가슴을 압박하며 가만히 앉아 있거나 누워서 쉬면 가라앉곤 했기 때문에 시간이 지나면 괜찮아질 것으로 생각했다. 그러나 시간이 꽤 지나도 가라앉을 기미가 보이지 않자 뭔가 잘못되고 있다는 생각이 들었다.

아내가 걱정할까 봐 내색하지 않았지만, 아내는 이미 눈치를 채고 병원으로 나설 채비를 했다. 아내는 전에도 심혈관 시술 받을 것을 여러 번 재촉했으나 내가 아직 참을 만하니 은퇴할 때까지 미루자고 고집을 부려왔다. 그러나 그날은 평소와 다른 것을 느꼈기 때문에 군말 없이 따라나섰다.

아주대 응급실은 주일 밤늦은 시각인데도 사람들로 복도까지 가득하여 북새통을 이뤘다. 다행히도 접수대에서 심혈관 이상으로 온 사람은 별도로 수속을 밟게 해주어서 생각보다 일찍 응급실에 들어갈 수 있었다.

관상동맥 조영술을 통해 혈관 상태가 심각한 것이 드러나서 심혈관 시술을 서둘러야 했으나, 주일 밤늦은 시간에 시술할 의료진이 있을 리가 없었다. 어쩔 수 없이 월요일까지 기다려야 하는 상황인데 놀랍게도 시술할 팀이 있다고 연락이 와서 자정이 다 된 시각에 시술실로 들어갈 수 있었다.

나는 시술실로 들어갈 때만 해도 내 심장 상태가 얼마나 안 좋은지 잘 몰랐지만, 아내는 담당 의사에게 내 혈관 상태가 매우 좋지 않아 막힌 혈관을 뚫을 수 있을지 장담할 수 없고, 시술 후에는 몸의 절반에 마비가 올 수도 있음을 들었다. 그래도 아내는 내가 불안해할까 봐 아무 내색도 하지 않고, 속회 식구들에게 중보기도 요청을 했으니 걱정하지 말라고만 했다.

시술을 담당할 의사가 들어왔다. 그는 내게 눈을 뜨고 공중에 매달려 있는 모니터를 보라고 했다. 자기가 부르면 반응하고, 참을 수 없이 아프거나 이상이 느껴지면 말하라고 했다. 내가 죽은 듯 가만히 있으면 말을 걸기도 했다.

모니터에 비치는 핏줄은 나무뿌리처럼 보였다. 의사가 무엇인가로 쑤시는 것처럼 느껴질 때면 그 뿌리들이 춤을 추듯 이리저리 움직였다. 가슴이 점점 답답해졌다. 심장이 온통 흙탕물로 가득한 것 같았다. 흙탕물이 핏줄을 타고 온몸을 돌아 다시 심장으로 돌아왔다가 꼭 막혀서 빠져나가지 못하는 것같이 느껴졌다. 심장이 너무 답답해서 괜히 시술했다는 생각이 들 정도였다.

시술을 마친 후, 중환자실로 보내졌다. 일반적으로 심혈관 시술 후에는 일반 병실로 가는데, 나는 긴급한 상황이 발생하면 바로 처치할 수 있는 중환자실에서 상태를 지켜봐야 한다고 했다.

중환자실은 온종일 꼼짝도 하지 않고 누워있는 환자들로 가득했다. 거의 온종일 적막하지만, 별안간 부산스러워질 때가 있는데 긴급 상황이 발생해 의사와 간호사들이 와서 그 자리에서 수술을 집도할 때였다.

중환자실에서 정신이 멀쩡한 사람은 나 혼자인 듯했다. 상체를 일으키지도, 다리를 들지도 말라고 했다. 할 수 있는 거라고는 소변을 볼 때 옆으로 몸을 돌리는 것뿐이었다. 온전한 정신 상태인 사람을 움직이지 못하게 하니 마치 고문을 받는 것 같았다.

먹은 것이 없으니 소변이 자주 마렵지는 않았으나 간호사들에게 맡기고 싶지 않았기 때문에 하루에 두 번 있는 면회 시간이 너무 기다려졌다. 잠깐의 짬이지만 중환자실에서 보는 아내의 얼굴은 더 예뻐 보였다.

하루는 천장에 반짝이는 별들이 보이기 시작하더니 점점 많아져서 별자리를 만들고 글씨가 새겨졌다. 천장이 원래 저렇게 수많은 별로 반짝거렸나 생각하고 있는데 교대하러 들어온 간호사가 온통 피로 젖은 내 침상과 환자복을 발견하고 한바탕 소동이 벌어졌.

온종일 누워만 있으니 허리가 끊어지듯 아파서 몸을 좌우로 뒤척이다가 링거줄이 허리 밑으로 깔리며 연결고리에서 빠졌는데 이를 몰랐던 것이다. 피를 많이 쏟으면 천장에 별들과 컬러 무늬와 글씨가 보인다는 것을 알게 되었다.

시간이 지나면서 심장이 조금씩 편안해졌다. 흙탕물에서 맑고 깨끗한 시냇물로 바뀌는 듯했다. 심근경색을 통해 나는 죽고 예수로 사는 믿음이 실제가 되기를 기도했다.

'죽을 뻔'이 죽음인 것은 아니다

심근경색을 통해 죽을 고비를 넘기며 많은 것을 깨닫고 이러한 어려움을 통해 마음을 많이 열었으며 그만큼 영적으로도 많은 변화가 있었다고 생각했다. 그러나 마음은 온전히 열리지 않았고 열리지 않은 마음은 항복할 수가 없었다.

죄가 드러나는 것이 두려웠던 나는 여전히 둘러대고 변명했다. 아내가 아파하는 것을 보면서도 아내의 아픔보다는 내 아픔이 더 커 보였다. 나의 대들보만 한 죄보다 다른 사람의 작은 허물이 더 커 보였다. 하나님께 물어볼 틈도 없이 눈에 보이는 것에 먼저 반응했고, 기도는 내가 하는 일이 잘되게 하기 위한 수단이었을 뿐이다.

죽음의 고비를 넘기면서 전능하신 하나님의 손길을 경험하고도 상황이 어려워지면 순간순간 하나님의 살아계심을 의심하고, 하나님이 인도하시는 길이 마음에 들지 않으면 불평하는 마음은 거듭난 사람들에게 나타나는 성숙한 변화와는 멀어 보였다.

교회의 부부 세미나에서 예수님을 십자가에 못 박는 사람이 나인 것을 보았을 때나 두 달 후 심근경색으로 죽을 고비를 넘겼을 때 나는 한동안 주님께 감사하며 내가 받은 은혜를 주변 사람들에게 증언하기도 했다. 그런데 한때 큰 체험으로 많은 변화를 경험하고도 왜 다시 예전으로 돌아가는 것일까?

체험적인 신앙은 그 열정이 식어가는 것과 비례해서 서서히 사라지는 것임을 뒤늦게 알게 되었다. 체험은 믿음의 성장을 도와주지만 믿음을 지켜주지는 못했다. 육신의 병이 낫고 마음의 상처가 치유되는 것은 분명 기적 같은 놀라운 일이지만, 이것은 아주 작은 증거일 뿐 그렇다고 해서 위로부터 거듭난 영으로 변화되는 것은 아니다.

나는 심근경색을 체험할 때까지도 내 자아가 죽었다는 것을 분명히 알지 못했다. '나의 옛사람은 예수님과 죽었고 완전히 새로운 영으로 거듭났다'라는 것을 계속 듣고 배웠지만 그것이 실제로 내 믿음이 되지는 못했다.

그리하여 오랜 교회 생활로 예배당에 드나드는 것이나 교인들과 교제를 나누고 교회에서 봉사하는 것에 익숙해진 것을 믿음이 자란 것으로 여기고, 실질적으로는 여전히 나를 앞세우고 살면서도 이것이 신앙생활이라고 막연하게 생각했을 뿐이었다.

그런 나를 가장 가까이서 지켜본 아내는 하나님을 온전히 신뢰하지 못하고 세상 사람들과 세상의 것에 흔들리는 이유가 내 몸을 쳐 복종하기까지 하나님만 바라보는 훈련을 하지 않았기 때문임을 지적했다.

> 내가 내 몸을 쳐 복종하게 함은
> 내가 남에게 전파한 후에
> 자신이 도리어 버림을 당할까 두려워함이로다
> 고전 9:27

믿음은 육체의 죽음을 통해 확인받는 것이 아니라 진리를 믿는 것으로 증명될 것이다. 또한 변화된 증거는 마음에 오신 예수님으로 인해 맺는 열매로 구별될 것이다. 주님이 원하시는 것은 몸과 마음의 치유뿐만 아니라 거듭나 거룩한 영으로 주님과 동행하는 것이다.

하나님만 바라보는 삶

나침반이 한 곳만을 가리키듯이 그리스도인의 시선은 언제나 그리스도를 향하여 고정되어 있다. 주님을 따라 동행하는 삶을 살면 한순간도 한눈을 팔 새가 없다. 매 순간 그분의 시선을 의식하고 그분의 음성에 귀를 기울여야 하기 때문이다.

그럼에도 나는 긴 시간, 고장 난 나침반 바늘이 향방 없이 움직이듯이 내가 보기에 좋은 것을 쫓아다녔다. 하나님이 없이도 살 수 있는 것처럼 살다가 필요할 때만 하나님이 생각나는 믿음으로는 하나님이 인도하시는 대로 따라갈 수가 없었다.

나는 하나님만 바라보는 삶이 무엇인지 이해하지 못했고, 그것이 가능하다고 생각하지도 않았다. 온종일 하나님만 생각하며 매 순간 하나님께 길을 묻고 주님의 응답에 귀를 기울이며 사는 것은 수도원에서 도를 닦는 수도자들이나 가능할 법한 일이라고 여겼다.

하나님의 거룩한 영은 내게 하나님만 바라보는 삶이 무엇인지 사랑을 통해 깨닫게 하셨다. 사랑에 빠진 사람은 어떤 말을 하고 어떤 일을 하고 어디서 무엇을 하든 그 마음에는 사랑하는 사람이 있다. 그의 마음은 온종일 사랑하는 사람과 연결되어 있고 그의 삶은 사랑하는 사람을 위한 삶이기도 하다.

사랑에 빠진 사람은 사랑하는 사람과 동행하는 과정에서 부딪치게 되는 온갖 어려움을 두려워하지 않는다. 그에게 장애물이란 단지 넘어가야 할 과정일 뿐이다. 태산과 같은 장애물이 그의 앞을 가로막을지라도 그는 조금도 망설이지 않을 것이다.

태산을 넘어갈 때 때로는 주저앉고 싶고 포기하고 싶은 어려운 상황에 몰릴지라도 그가 흔들리지 않고 태산을 넘어가는 이유는 단 하나다. 그곳에 사랑하는 사람이 있기 때문이다.

사랑하는 사람이 생기면 그의 중심에는 그 사랑하는 사람이 있다. 그래서 하나님만 바라보는 삶은 수도원에서 정신 수양이나 몸의 고행을 통해 얻어지는 것이 아니라 하나님을 사랑하는 사람이 할 수 있는 것임을 알았다.

세 번이나 예수님을 부인한 베드로에게 예수님이 "너는 나를 사랑하느냐?"라고 세 번 물으신 것은 그가 예수님을 사랑하고 있는지를 확인하려 하신 것이 아니라, 베드로의 마음에 예수님이 베드로를 얼마나 사랑하시는지를 새겨놓기 위함인 것을 알았다.

예수님의 그 사랑을 깨달은 베드로는 십자가에 거꾸로 매달려 죽기까지 예수님을 신뢰함을 증명했다. 내가 죄의 유혹에 수없이 넘어졌을지라도 다시 회개할 마음을 얻고 하나님과의 관계를 회복할 수 있었던 것도 베드로에게 보여주신 예수님의 그 사랑 때문이었다.

영화는 사랑을 이루어가는 과정을 짧은 시간에 요약하여 보여준다. 대부분의 영화가 주인공이 오해와 갈등, 주변의 방해 등 힘든 과정을 겪으면서도 사랑을 이루기 위해 갖가지 어려움을 이겨내는 과정을 보여줌으로써 현실의 주인공에게 용기와 희망을 준다.

영화는 영화고 현실은 현실이라고 말하는 사람이 있다. 그러나 자문해보았다.

"어려움이 닥쳤을 때 나는 무엇을 보는가?"

장애물을 보는 사람은 두려움으로 인해 어려움을 이겨내지 못할 수 있다. 두려움 때문에 포기한다면 당연하게도 그는 사랑하는 사람을 얻지 못할 것이다. 그러나 사랑하는 사람을 보는 사람은 앞을 가로막는 장애물이 아무리 험할지라도 절대 포기하지 않을 것이다.

영화의 다음 스토리 이어가기

영화가 끝나면 주인공이 남긴 감동의 여운이 채 사라지기도 전에 다음 스토리가 궁금해지곤 한다. 영화는 주인공이 목적지에 도달하는 것을 보여주며 끝을 맺지만, 현실에서는 1막의 완성은 또 다른 과정의 시작이 되기 때문이다.

결혼 전은 두 사람이 각각 자기의 공간에서 지내면서 사랑의 퍼즐을 맞추어가는 과정이었다면 결혼 후는 한 공간에서 서로를 지켜보는 연속적인 과정이므로 어떤 면에서는 제2막이 훨씬 더 어렵다. 결혼 전에는 준비된 모습만 보여줄 수 있지만, 한 지붕 아래서는 좋은 면뿐만 아니라 보여주고 싶지 않은 면도 드러내 보이기 때문이다. 또한 보고 싶지 않았던 상대방의 모습도 보게 되는 훨씬 복잡한 과정이다.

영으로 하나 된 부부는 내면과 외면 그대로 꾸미지 않은 솔직한 모습으로 두 번째 스토리를 만들어가야 한다. 그 2막에서는 좋은 면만 보여주려고 꾸민 제1막의 모습에서 나와야 한다. 부부는 겉과 속이 동일한 모습으로 서로를 신뢰하는 것이 바탕이 되어야 하기 때문이다.

사실 내면의 모습을 배우자에게 솔직하게 보여주기란 절대 쉽지 않은 일이다. 그러나 만약 결혼 후에도 여전히 내면을 감추고 적당히 사는 것이 가능하다고 생각한다면, 이것은 배우자뿐만 아니라 자기 자신도 속이는 것이다. 배우자에게 실망하게 되는 것은 배 나온 남편이나 뚱뚱해진 아내의 겉모습 때문이 아니라 감추고 속이는 내면의 모습 때문이다.

아내와 치열하게 싸울 때 아내가 내게 실망하고 낙담하게 된 것은 무엇보다 나의 감추어진 속마음과 거짓말 때문이었다고 앞서 말했다. 배우자에게 속마음을 들키지 않고 살 수 있다고 생각해서는 안 된다. 스스로는 볼 수 없는 내 무의식의 세계를 배우자는 너무 잘 볼 수 있기 때문이다.

대부분의 영화에서 보여주는 사랑의 완성은 제1막의 마침이다. 이제 누군가는 제2막의 이야기를 써 내려가야 하고, 또 누군가는 제3막이나 제4막으로 이어갈 수도 있을 것이다.

그리고 이 땅의 마지막 날, 마지막 무대에서 인생의 완성을 선언하는 날, 예수님과 동행의 길을 걸었던 그리스도인은 긴 어둠의 터널이라고 생각했던 온갖 고난과 고통의 시간이 한 줌의 흙처럼 가볍게 느껴질 것이고, 이 세상의 어떤 좋은 것과도 바꾸지 않았던 믿음으로 천국에 들어가게 될 것이다.

나는 제1막을 완성한 후 두 번째 스토리는 망쳤다. 제2막을 실패한 원인은 내 자아가 예수와 함께 죽고 새로운 생명으로 거듭난 것을 가볍게 여김으로써 세상 사람들과 구별되지 못한 삶을 산 것에 있다.

하나님께 항복하지 못한 마음은 매혹적인 유혹이 다가올 때 거절할 힘이 없다. 세상과 뚜렷하게 구별되기를 원하지 않는 마음은 땅의 것에 미련을 버리지 못함으로써 세상을 보는 시각을 바꾸지 못한다.

내가 아닌 아내와 자녀를 변화시키려 했던 지난날의 어리석음은 한 번으로 족하다. 그러므로 죽은 내 자아가 부활하려고 꿈틀거리면, 나를 지켜보고 계시는 예수님의 시선을 떠올린다.

이제는 예수 안에서 거듭난 나를 새로이 발견함으로써 변화된 삶을 사는 주인공이 되어 가까이서 나를 지켜보고 있는 가족과 일상에서 그리스도인으로 사는 세 번째 여정을 쓰고 있다.

4부

배우고 준비하라

12 교회

　최근 교회와 그리스도인들이 세상 사람들의 입에 오르내리고 손가락질받는 것에 대해 자성의 목소리를 내고 있지만, 사실 오래전부터 교회는 핍박받았고 그리스도인은 세상 사람들에게 모욕과 돌팔매질을 당해왔다. 다른 점이 있다면 예전에는 교회가 세상과 구별된 것 때문이었다면 최근에는 구별되지 못한 것 때문일 것이다.
　교회와 교인에 대한 세상 사람들의 비판이 얼마큼 옳고 그른지를 그들 편에서 판단하는 것은 아무런 의미가 없다고 생각한다. 거듭난 사람들이 거룩한 영이 인도하는 대로 순종하는 믿음의 비밀을 세상 사람들은 절대 이해할 수 없기 때문이다.
　믿음의 선진이 하나님만을 의지하는 믿음으로 세상의 핍박과 고난을 이김으로써 사람들의 판단에서 자유로웠던 것처럼, 오늘날의 신실한 그리스도인들 또한 하나님만을 신뢰하는 믿음의 열매를 맺음으로써 세상의 판단에서 자유로울 수 있어야 한다.

나는 비그리스도인들에게 하나님을 믿고 의지한다고 말하는 것을 부끄러워하거나 숨기지는 않았지만, 솔직히 말하면 '하나님을 의지하는 것을 부끄러워하지 않는 정도'와 '그리스도인으로서 당연하고 당당한 것'의 차이만큼 교회와 교인에 대한 세상의 지적을 의식하고 있었다. 이것은 내가 많은 순간 사람들의 시선을 의식함으로써 하나님의 시선을 놓치고 있었다는 부끄러운 증거다.

누군가가 말했듯, 교회는 교인들에게 진리를 가르칠 뿐만 아니라 예수 안에서 선한 말과 행함으로 열매를 맺도록 가르쳐야 한다. 교회의 강단에서 부유해지는 법, 건강하게 사는 법, 명상과 긍정적 사고방식 등 사람들이 듣고 싶어 하는 설교로 병약한 교인을 만들어서는 안 된다.

또한 설교자는 하나님의 말씀을 선포할 뿐만 아니라 설교단에서 전한 말씀을 행하는 본을 보여야 한다. 지금 교회가 세상에서 힘을 잃은 이유는 말씀의 선포가 부족해서가 아니라 설교단에서 전한 말씀대로 행하지 않는 것을 세상 사람들이 알고 있기 때문이다.

"네가 입으로 전하는 말과 너의 행함이 다른 것을

절대로 작게 여기지 말라."

어느 목사님이 들은 내적 음성이다. 그 분은 오랜 숙고와 기도 끝에 그 음성에 순응하여 설교단 위에서 전한 말씀을 신실하게 행하셨다고 들었다. 하나님은 많은 교인에게 영향을 미치는 자리에 있는 영적 지도자에게 그만큼 더 분명한 책임을 물으실 것이다.

> 다른 사람을 가르치는 네가 네 자신은 가르치지 아니하느냐
> 도둑질하지 말라 선포하는 네가 도둑질하느냐
> 간음하지 말라 말하는 네가 간음하느냐
>
> 롬 2:21,22

교회는 세상의 것을 만족시키는 방법을 가르쳐주는 곳이 아니다. 그리스도인의 본향인 천국의 실재를 정말 믿는다면, 교회는 다음 세상으로 가는 길을 분명히 가르쳐주어야 한다.

멋진 삶인가 비극인가

그럼에도 어떤 교회는 이 세상에서 편안하게 사는 길을 보여주려고 작정한 듯하고, 어떤 교회는 예수님을 믿으면 이 땅에서 부유한

생활과 건강을 누리게 될 것처럼 전도하며, 모든 일이 순탄하게 잘 풀릴 것처럼 말하기도 한다.

> 그런 사람들은 거짓 사도요 속이는 일꾼이니
> 자기를 그리스도의 사도로 가장하는 자들이니라
> 그러므로 사탄의 일꾼들도
> 자기를 의의 일꾼으로 가장하는 것이
> 또한 대단한 일이 아니니라
> 그들의 마지막은 그 행위대로 되리라
> 고후 11:13,15

성도들은 장차 천국 잔치에 참여하기 위해 이 땅에서부터 예수님과 친밀히 사는 법을 배워야 하는데, 하늘과 땅 사이에 적당히 양다리를 걸치고 살아도 하늘나라에 당연히 가게 될 것처럼 말하는 교회와 그런 말에 귀 기울이는 교인들을 보는 것은 정말 두렵고 떨리는 일이 아닐 수 없다. 예수님이 이 땅에 오신 것은 육을 위함이 아니라 영을 살리기 위함이라고 말씀하셨을 때, 예수님을 따르던 많은 사람이 실망하여 그분을 떠나 세상으로 돌아간 것을 생각나게 하기 때문이다.

"너희가 나를 찾는 것은 표적을 본 까닭이 아니요
떡을 먹고 배부른 까닭이로다
살리는 것은 영이니 육은 무익하니라"
그때부터 그의 제자 중에서 많은 사람이 떠나가고
다시 그와 함께 다니지 아니하더라

요 6:26,63,66

지금 이 시대에도 육신의 만족을 위해 예수님을 믿다가 실망하여 믿음을 버리고 세상으로 돌아가는 사람들을 보는 것이 어렵지 않다. 사탄은 사람들에게 지식과 재산을 자랑하게 하고, 교만을 겸손으로 위장하며, 좋은 집, 고급 차, 맛있는 음식을 먹고 여행 다니는 것을 멋진 삶이라고 생각하게 만든다.

"아프리카 오지에서 가난한 이들에게 예수님을 알게 하려고 평생을 봉사하다가 죽은 간호사나, 예수님을 전하러 이동하다가 브레이크 고장으로 벼랑에서 떨어져 현장에서 즉사한 의사의 죽음이 비극인가?"

존 파이퍼 목사님은 이렇게 물으며 오히려 멋진 집에서 살고, 좋은 차를 타고, 골프 치러 다니며 편안한 노후를 동경하는 이것이 비극이라고 했다. 긴 주말, 즐거운 휴일, 건강하게 늙는 것, 은퇴 생활을 만끽하고 편하게 죽는 것을 머릿속에 그리고 있는 사람은 이

것이 왜 비극인지를 알지 못할 것이다.

예나 지금이나 사탄은 눈에 좋아 보이는 것을 쫓아가도록 한다. "다음 세상은 없다. 한 번뿐인 인생, 마음껏 즐겨라" 하는 이 속삭임이 얼마나 성공적인지 주변을 보면 금방 알 수 있다.

육체적인 만족을 채우려 욕망과 탐욕으로 살아가는 이 세상에서 다음 세상의 약속은 허구로 들릴 것이다. 그러나 죽음 너머로 가야 할 때가 이르면 다음 세상이 실제가 되는 것을 알게 되고, 죽음 너머에서는 이 세상이 오히려 꿈처럼 여겨질 것이다.

죽음 저편에서 크게 깨달은 것이 있으니, 자기 스스로 믿는 자라고 생각하고 살다가 마지막 날이 되어서야 자기 자신을 속였다는 것을 알게 되는 두려움이다.

죽음의 자리에 이르러서야 자기가 알곡이 아니라 쭉정이로 드러났을 때의 심정이 어떨지 깊이 생각해봐야 할 것은 풀무불에 던져질 쭉정이의 운명은 단순히 겁을 주려고 꾸며낸 이야기가 아니라 실제이기 때문이다.

교회가 조롱당하고 외면받는 이유

이 땅 곳곳에서 하루가 천년 같은 긴 고난의 터널을 눈물로 지나는 수많은 성도의 소식을 듣는다. 주 안에서 좁은 길을 걷는 성도들이 믿음으로 사는 삶을 지켜내는 모습은 어느새 넓은 길, 편한 길 걷는 것에 익숙해져 있는 내 마음을 깨우곤 한다.

예수님을 믿는 믿음으로 인해 차별당하고 예수님을 부인하도록 위협받는 고통과 고난 가운데서도 거룩한 삶을 사는 그들을 볼 때면, 편안한 곳에서 살면서도 천국을 보여주어야 믿음의 삶으로 회귀해야 함을 겨우 기억하는 나 자신이 부끄럽다.

나는 예수님을 믿는 것으로 인해 핍박받지 않는 땅에 태어난 것에 감사하면서도, 교인들을 편안한 길로 안내하고, 교양 프로그램으로 평범한 교인을 만들고, 교인들에게 긍정적 마인드로 이 세상을 살아가는 법을 가르치는 교회들을 볼 때면 차라리 예수님으로 인해 박해받고 죽임당하는 그리스도인들이 천국의 영광에 가깝다는 생각이 들었다. 이 땅에서 엄청난 아픔과 슬픔, 고난 속에서도 믿음을 지키고 사는 그리스도인보다 더 본향을 바라보는 사람은 없을 것이기 때문이다.

세상은 성공을 향해 걷도록 가르치고, 사람들의 관심은 부유해지는 것, 편안한 것, 좋은 것을 먹고 즐기며 오래 사는 것에 있다. 그리스도인들마저도 세상 교육에 영향을 받아 이 세상에 마음을 붙들리고 세상의 성공과 행복을 지향하느라 세상 사람들과 구별되지 않으며 구별되어야 할 이유도 없어졌다.

육의 욕망은 사실상 끝이 없다. 그리하여 죽는 날까지도 욕심을 버리지 못하고 죽음을 외면하며 사는 것처럼 보인다. 이미 많은 것을 소유하고 있으면서도 더 많은 소유를 원하고, 오래 살았으면서도 더 오래 사는 것에 집착하는 것을 볼 수 있다.

세상 사람과 구별되지 않는 삶을 살았던 교인들이 웃으면서 교회 문으로 들어가 줄지어 음부로 떨어지는 그림을 보고 충격을 받은 적이 있다. 세상이 교회를 희화한 것이지만, 당연하게도 교회 문이 천국 문은 아닐 것이다.

교인들에 대한 세상 사람들의 질타는 예수님의 기준에 미달하지는 않을지 마음 졸이고 사는 신실한 그리스도인들까지 싸잡아 손가락질을 당할 만큼 교회가 세속화된 증거일지도 모른다.

> 하나님의 이름이 너희 때문에 이방인 중에서 모독을 받는도다
> 롬 2:24

기독교가 이 세상에서 힘을 잃어가는 까닭은 세상에 물든 그리스도인이 다음 세상에 대해 더 이상 생각을 하지 않게 된 데 있다는 말을 들었다. 동의한다. 작금의 교회를 향한 세상의 지적과 조롱의 원인은 세상에 마음을 빼앗겨 좁은 길을 걷기를 회피하는 우리 그리스도인에게 있다.

교회가 핍박 가운데 있을 때는 세상을 이긴 그리스도인들로 인해

세상이 교회에서 신뢰를 배웠다. 그러나 이제는 성장과 성공을 목적으로 삼은 교회가 세상의 방식을 배우려고 세상을 기웃거리게 되면서 오히려 세상 사람들에게 외면당하고 있는지도 모른다.

교회가 정말 가르쳐야 하는 것

친근한 관계라고 생각하던 분을 오랜만에 만났을 때, 나는 반가운 마음으로 다가가려는데 그 분은 어느 정도 나와 거리를 두려는 듯한 느낌을 받은 적이 있다. 낯선 충격이었다. 그날의 일로 귀한 교훈을 얻었다. 나는 하나님과 친밀하다고 생각하고 있는데 하나님은 나를 서먹하게 여기시는 것은 아닌지, 하나님과의 관계를 수시로 점검해야 한다는 것이다.

하나님과의 관계를 내 편 아닌 하나님 편에서 점검해야 하는 이유가 여기에 있다. 나는 양이라고 생각하고 살았는데 마지막 날이 되어서야 하나님 앞에서 염소로 드러나는 것만큼 두려운 일은 없기 때문이다.

교회의 양적 성장을 위해 세상의 수단과 방법을 교회로 끌고 오는 사람들은 한 사람이라도 더 구원하기 위해서라고 변명하지만, 그렇게 불러 모은 교인들을 알곡과 가라지로 구별하실 하나님의 공평하신 심판이 있음을 숨겨서는 안 된다. 천사들이 의인 중에서 악인을 갈라내어 풀무불에 던져 넣을 것이기 때문이다.

> 너희는 교인 한 사람을 얻기 위해
> 바다와 육지를 두루 다니다가
> 생기면 너희보다 배나 더 지옥 자식이 되게 하는도다
> 마 23:15

> 세상 끝에도 이러하리라
> 천사들이 와서 의인 중에서 악인을 갈라내어
> 풀무불에 던져 넣으리니 거기서 울며 이를 갈리라
> 마 13:49,50

교회에 다니면서 알곡인 척하며 모든 사람을 속일 수는 있겠지만, 그것이야말로 사람의 시선 때문에 회개의 기회를 스스로 걷어차 버리고 하나님께 버림받은 사울 왕의 길을 걷는 어리석은 짓이다. 나는 이것을 나의 어리석은 죄를 통해 깨닫게 되었다.

그러므로 버림받을 수 있는 경고의 말씀을 축복의 말씀만큼 설교 강단에서 자주 선포하고, 또한 예수님을 영접한 후에도 세상 사람들과 구별되지 않는 삶을 살면 이 세상을 떠나는 날 정말 두려운 일이 될 것을 분명히 선포한다면 많은 교인을 성도로 바꿀 수 있을

것으로 생각한다.

교회는 구원의 설교를 셀 수도 없이 들은 교인들과 구원받았다고 믿는 교인들이 여전히 죽음의 두려움에서 벗어나지 못하는 이유가 무엇인지 알아야 한다.

교회는 성도들이 이 세상 끝날까지 믿음으로 인한 시련과 세상의 유혹을 이길 믿음을 지키도록 가르쳐야 하는 사명이 있다. 그러므로 장차 성도가 가게 될 천국의 영광뿐만 아니라 버려질 수도 있다는 두려운 말씀도 가감 없이 전해야 한다. 바울의 때에도 가라지 전도자와 가라지 교인들이 있었고 지금도 그렇기 때문이다.

하나님 앞에서 쭉정이로 드러났을 때 변명할 기회가 있을 것이라던가 변명할 만한 충분한 이유가 있다는 순진한 생각은 조금이라도 하지 말아야 한다. 그날에 하나님의 빛 앞에 서면 순식간에 믿음의 실체가 드러나고, 회개하지 않은 죄로 인해 머릿속이 하얗게 굳어버려 입술조차 뗄 수 없기 때문이다.

내가 세상 끝날까지 너희와 항상 함께 있으리라
마 28:20

쭉정이로 드러나게 되어 버림받을지도 모른다는 두려움에 휩싸인 교인들이 방패막이로 끌어다 쓰는 말씀이다. 그렇다. 하나님은 사랑하는 성도를 절대 포기하지 않으시고, 끝까지 동행하시고, 약속하신 것을 지키실 것이다.

그러나 하나님의 선하신 약속은 온갖 고난과 역경 속에서도 예수님과 동행의 길을 걷고 있는 그리스도인에게 하신 말씀이다. 세상을 사랑하여 하나님을 떠나 세상으로 나간 사람을 위한 말씀이 아니다.

외식하는 자

나는 예수님이 바리새인들의 외식을 공개적으로 지적하고 꾸짖으시는 이유를 충분히 이해하지 못했다. 사람들의 눈에 비친 바리새인들은 하나님의 말씀을 늘 가까이 두고 암송하며 하나님의 율법을 잘 지키려고 애쓰는 사람들이었다. 그들은 자신들의 '의로운' 행위가 많은 사람에게 좋은 영향력을 끼쳤을 것이라 생각하기도 했다.

그러나 바리새인들이 사람들의 시선을 의식하여 사람들에게 인정받으려 하고 의도적으로 의로운 행동을 한 것은 사람뿐만 아니라 하나님도 속이려 한 것이기 때문에 악한 것이었다. 사람들은 바리새인의 선한 겉모습을 보았지만, 예수님은 바리새인들의 위선적인 속마음을 알고 계셨다.

> 그들(바리새인)은 말만 하고 행하지 아니하며
> 또 무거운 짐을 묶어 사람의 어깨에 지우되
> 자기는 이것을 한 손가락으로도 움직이려 하지 아니하며
> 그들의 모든 행위를 사람에게 보이고자 하나니
> 높은 자리와 시장에서 문안받는 것과
> 사람에게 랍비라 칭함을 받는 것을 좋아하느니라
>
> 마 23:3,4,6,7

영적으로 영향력 있는 위치에 있는 사람들이 겉과 속이 다른 위선적 행위를 벗어버려야 하는 이유는 그들의 기만적 행위가 본인은 물론 다른 사람들까지 천국에 들어가지 못하도록 방해하기 때문이다.

> 화 있을진저 외식하는 서기관들과 바리새인들이여
> 너희는 천국 문을 사람들 앞에서 닫고
> 너희도 들어가지 않고
> 들어가려 하는 자도 들어가지 못하게 하는도다
>
> 마 23:13

예수님이 겉과 속이 다른 것을 싫어하시는 이유는 거짓은 하나님을 속이는 것이기 때문이다. 바리새인들은 사람들의 시선을 속이듯

하나님도 속일 수 있다고 생각했는지도 모른다. 만약 그들이 하나님이 살아계신 것을 정말 믿었다면 사람의 시선보다 하나님의 시선을 의식했을 테고, 겉모양과 속마음이 다른 것이 작은 문제가 아닌 것을 알았을 것이다.

예수께서 바리새인을 향하여 외식의 문제가 천국의 생명과 연결되어 있음을 말씀하실 때 그 말씀은 내게도 하시는 경고인 것을 깨달았다.

사탄은 위선적인 행위가 별것 아닌 듯이 내 마음을 가리려 하지만 하나님을 속이려는 자가 어떻게 될지는 분명하지 않은가? C. S. 루이스가 말했듯 사탄은 물질세계 뒤에 숨어 활동하는데, 사람의 눈은 사탄을 볼 수 없지만 성령님은 사람 뒤에 있는 사탄을 보신다.

그리스도인은 주님이 부르시는 날, 믿음의 완성을 선언할 때까지 조금도 방심하거나 나태해서는 안 되는 이유를 바울에게서 배웠다.

> 내가 이미 얻었다 함도 아니요
> 온전히 이루었다 함도 아니라
> 오직 내가 그리스도 예수께 잡힌 바 된
> 그것을 잡으려고 달려가노라
> 빌 3:12

13 그리스도인

 그리스도인의 소망은 장차 하나님께서 약속하신 영원한 하늘나라에 들어가는 것이다. 그런데 장차 천국에서 살아야 할 그리스도인마저 이 땅이 소망이 되고, 이 땅의 축복에 목말라 하고, 이 땅에서 영원히 살기를 원하는 것처럼 산다면 하늘나라에 소망을 둘 이유가 전혀 없다.
 이 땅에서 예수님과 함께 지내는 것이 기쁨이 되지 않고, 하나님을 찬양하고 예배하는 것이 즐겁지 않다면 굳이 천국에 가야 할 이유도 없다.
 그러므로 하나님의 나라를 보고 온 후에 깨닫게 된 것은, 그리스도인은 이 땅에서부터 예수님과 함께 사는 법을 배워야 한다는 것이다. 이 세상에 머무는 동안 세상 사람과 구별된 좁은 길을 걷기 위해서는 이 땅에서부터 예수님과 동행하는 훈련을 해야 한다는 것을 알게 되었다.

내가 어릴 때부터 교회에 다녔으면서도 예수님을 그리스도로 영접하기까지 쉽지 않은 긴 시간을 보냈던 것은 직접 눈으로 보지 않으면 믿지 않을 만큼 의심이 많았기 때문이다.

결혼 후의 일이다. 밤늦은 시각, 방구석에서 홀로 무릎을 꿇고 기도하고 있을 때 예수님을 그리스도로 영접하라는 내적인 음성이 있었다. 그 음성은 너무도 분명하여 순종하지 않으면 안 될 것같은 강한 힘이 느껴졌다. 그리하여 조금의 의심도 없이 마음을 열고 그분을 진심으로 초청했다.

"예수님, 나의 그리스도로 영접합니다. 내 안에 오시옵소서."

그때 공중에서부터 엄청난 기운이 나를 향하여 밀려왔고 등에 뜨거운 불이 붙는 체험을 했다.

그날 비로소 예수님을 나의 그리스도로 고백한 날이 되었다. 이 체험이 있기 전에 예수님을 그리스도로 고백하고 예수님의 이름으로 기도를 마무리했던 것은 배움의 산물로써 거의 습관적인 입술의 고백이었을 뿐, 예수님을 나의 그리스도요 나의 주님으로 섬기겠다는 신앙의 고백은 아니었다.

예수님과 친밀해지기를 바라면서도 예수님이 내 안에 계신 것이 부담스러워 예수님의 간섭에서 벗어나고 싶은 마음이 있었고, 죄의 유혹을 이기고 싶은 마음 한편에는 일탈을 꿈꾸는 마음도 같이 있었다. 영혼은 본향을 바라면서도 육신의 마음은 탐욕을 버리려 하지 않았고, 죄의 사슬에 매이는 것이 싫으면서도 죄의 유혹이 손 내밀 때 그 달콤함을 뿌리치지 못했다. 이런 내 믿음은 세상에 대한 미련으로 뒤를 돌아보았던 롯의 아내와 다를 바 없었다.

믿음이 실제가 되는 훈련

예수님이 내 죄를 담당하시고 나를 대신하여 죽으신 십자가의 기적을 알게 되고, 내가 예수님을 십자가에 못 박는 체험을 하고, 심근경색으로 죽음의 고비를 겪고 난 후에도 육신의 생각을 이기는 것은 어려웠다.

아내는 그런 나를 보며 내가 믿음이 실제가 되기 위한 실질적인 노력을 게을리하고 있다고 말했다. 내가 믿음으로 새 생명을 얻었으니 이 정도면 되었다고 안주하며 주님과 동행하는 훈련을 하지 않고 있다는 것이다.

우리가 결혼하여 부부가 되었다고 하면서 부부 사이에 대화도 없고 서로의 사귐이 없다면 그것이 한 몸이 된 부부의 모습일 수 있겠냐고 물었다. 부부가 한 몸으로 살기 위해서는 한때의 사랑으로 먹고사는 것이 아니라 계속하여 진솔한 대화와 사귐의 장을 만들어야 하고, 그와 마찬가지로, 주님과 온전히 동행하며 살기 위해서는 말씀과 기도로 주님과 친밀히 교제해야 하는데 내가 그것을 가벼이 여기고 있다는 것이다.

나는 내 나름대로 하나님과의 친밀한 관계를 위해 매 순간 주님과 교통하고 있다고 생각했지만, 믿음의 성장을 위해 믿음이 실제가 되는 훈련이 필요함을 인정하고 작은 것부터 연습했다. 부정적인 말을 하지 않기, 불평하지 않기, 불만 품지 않기, 시간 정해 놓고 기도하기, 말씀 읽기 그리고 가장 늦게 추가된 것이 사랑하기다.

주님과의 동행은 이 땅의 끝날까지 계속되어야 하는 것을 알았고, 아는 것에 머물지 않기 위해 아내의 잔소리에 토를 달지 않았다. 믿음이 실제가 되기 위한 훈련을 꾸준히 하는 것이 쉽지는 않을 것이다. 믿음의 삶은 머릿속에서 그려지는 대로 되는 것이 아니기 때문이다.

그러나 돌아보면 부부 세미나 때의 변화보다 심근경색 이후가 더 좋아졌고 심근경색 때보다 패혈증 이후에 변화가 더 큰 것을 보면 믿음이 성장한 것을 알게 된다.

정말로 하나님이 살아계시고 천국이 있음을 믿는다면, 또한 정말로 가족을 사랑한다면 '내가 죽고 예수로 사는 삶'이 어렵다고 해서 포기하지는 않을 것이다.

양과 염소

양과 염소를 구별하실 때 예수님은 양으로 선택된 자들의 선행을 칭찬하셨다.

"너희가 여기 내 형제 중에 지극히 작은 자 하나에게 한 것이 곧 내게 한 것이니라 하시고"(마 25:40).

너무 미약하여 기억하지 못할 정도의 존재감 없는 누군가에게 주님의 이름으로 착한 일을 했던 것을 그들 자신은 잊고 있었지만, 주님은 기억해주셨다. 반면, 염소로 구분된 자들에게 하신 말씀은 다르다.

"너희는 내가 주릴 때, 목마를 때, 나그네 되었을 때, 헐벗었을 때, 병들었을 때, 옥에 갇혔을 때 돌보지 아니하였다"(마 25:42,43 참조).

그런데 염소로 구별된 사람들은 이를 인정하지 못한다.

"우리가 언제 주님이 어려울 때 공양하지 아니하더이까?"

아마 그들도 선한 행위를 했을 것이다. 그러나 주린 자, 목마른 자, 나그네 된 자, 헐벗고 병들고 옥에 갇힌 자에게 선한 일을 했으되 예수님의 이름 대신 자기 이름을 드러내고, 하나님께 영광을 돌리는 대신 자신이 그 영광을 가로챘을지도 모른다.

오래전 일이다. 점심을 간단히 때우려고 가까운 패스트푸드점에서 햄버거와 콜라를 사서 계단으로 7층까지 올라가고 있었다. 거의 올라왔을 때 초라한 행색의 할머니가 버거가 든 봉투와 당신의 입을 번갈아 가리켰다. 무슨 뜻인지 금방 알아차렸으나 무시했다.

책상에 앉아 버거 포장지를 풀다가 아무래도 할머니가 마음에 걸렸다. 버거가 든 봉투를 들고 아까 마주친 곳으로 내려갔으나 할머니는 보이지 않았다. 1층까지 뛰어 내려가서 주변을 둘러보았으나 할머니는 어디에도 보이지 않았다.

그제야 내가 하나님의 시험을 통과하지 못했다는 것을 알았다. 할머니는 천사였고, 나는 염소였다. 그 자리에서 바로 회개했다. 잘못했을 때 잘못한 것을 인정하고, 죄를 지었을 때 죄를 인정하고 곧바로 회개할 수 있는 마음을 주시는 것도 하나님의 은혜인 것을 알았다.

예수님이 가라지의 비유를 말씀하셨다(마 13:24-30). 좋은 씨를 뿌린 밭에 사탄이 가라지를 덧뿌리고 갔다. 싹이 나고 결실할 때가 다가오자 가라지도 보였다. 가라지를 뽑아내려 하자 주님은 알곡과 가라지 둘 다 추수 때까지 함께 자라게 두라고 하신다.

알곡과 같은 밭에서 자라는 가라지는 자기가 알곡이라고 착각하고 있을 수도 있다. 죽음 너머로 갈 때가 되어서야 자신이 하나님을 믿는 것이 아니었음이 드러나는 것만큼 떨리는 일은 없을 것이다.

너희는 믿음 안에 있는가 너희 자신을 시험하고

너희 자신을 확증하라
예수 그리스도께서 너희 안에 계신 줄을
너희가 스스로 알지 못하느냐
그렇지 않으면 너희는 버림받은 자니라

고후 13:5

그리스도인은 왜 예수님을 마음에 초청해야 하는지, 왜 회개하여 마음을 깨끗하게 지켜야 하는지, 왜 그분과 동행의 길을 걸어야 하는지를 분명히 알았다. 이 세상을 떠나는 날, 마음에 그리스도가 없는 사람은 천국에 들어갈 수 없기 때문이다.

내 몸을 정말 사랑한다면

육신의 것을 준비하느라 영혼을 준비하지 못한 한 부자의 이야기가 성경에 나온다. 그가 많이 모아놓은 자기 재산을 바라보고 흡족해하며 여생을 즐기고자 할 때 하나님이 그의 생명을 거두어 가신다. 육신을 위해 사는 사람들이 안타까운 것은 이 부자처럼 육신의 생명뿐만 아니라 영혼을 살릴 기회도 잃기 때문이다.

(한 부자가) 심중에 생각하여 이르되

영혼아 여러 해 쓸 물건을 많이 쌓아두었으니
평안히 쉬고 먹고 마시고 즐거워하자 하리라 하되
하나님은 이르시되
어리석은 자여 오늘 밤에 네 영혼을 도로 찾으리니

눅 12:17,19

그는 이 세상이 전부인 줄 알았을 것이다. 이 부자처럼 이 땅에서 누리는 잠깐의 부유함과 하늘나라의 영원한 영광을 맞바꾸는 어리석은 거래를 하는 사람이 과연 있을까? 나는 지체하지 않고 말할 수 있다.

"그렇다. 그것도 아주 많다."

보이지 않는 불확실한 미래의 약속보다는 눈에 보이는 육신의 편안함과 풍요로움을 누리는 편을 택하는 사람들이 훨씬 더 많은 것은 놀랄 일도 아니다.

나이가 들면 그만큼 죽음에 대해 진지하게 사고하며 더 깊은 통찰력을 갖게 되고, 남은 시간을 어떻게 보내야 할지 숙고하게 될 줄 알았다. 그러나 죽음이 그렇게 멀지 않아 보이는 충분히 나이가 든 사람도 이상하리만큼 다음 세상에 관심이 없어 보이고, 죽음이 자기와는 무관한 일인 양 무심하기까지 했다.

그들의 관심은 주로 몸이 건강한 것, 오래 사는 것, 맛집 찾아다니는 것, 멋진 곳으로 여행 다니는 것, 풍족하게 준비된 노후와 같은 것들이다. 이 세상을 떠날 마음이 조금도 없어 보인다.

안타깝게도, 육신을 만족시키기 위해 행복을 찾아다니는 것은 아름다운 마무리를 해야 할 황혼의 시간에마저 하나님께 돌아올 기회를 놓치는 것이다.

죽음 너머에 이르면 노후를 대비해 쌓아놓았던 것들이 고스란히 다른 사람의 것이 되고, 죽는 날까지도 놓으려 하지 않았던 탐욕이 얼마나 허망한 것인지 알게 되는 그날이 가까이 오고 있는데도 말이다.

세상 사람들은 건강에 관심이 많다. 그리스도인은 몸을 건강하고 예쁘게 가꾸는 것만큼 영혼도 잘 가꾸어야 한다. 천국을 준비하지 않는 것은 천국에 대한 믿음이 없는 것이 드러난 증거가 되기 때문이다. 영혼이 몸을 떠나는 날, 영혼이 어디로 가게 될지를 고민하지 않는다면 그는 자기 몸을 진정으로 사랑하는 것이 아닐 것이다.

몸과 마음이 강건한 그리스도인들이 하늘나라에서 사랑하는 사람들과 평안과 기쁨을 누리게 될 것을 믿는 믿음으로 일상의 소소한 일들을 주 안에서 행하며 사는 것은 감동을 준다. 그들은 이 땅에서부터 하늘나라의 거룩한 시민으로 살아가는 증거를 보여주고 있기 때문이다.

하늘나라의 평안과 기쁨을 맛본 그리스도인은 이 땅의 평안과 기쁨과는 절대로 바꾸지 않을 것이다. 그리스도인은 돌아갈 본향을 기억하며 살기 때문이다. 그러므로 신실한 그리스도인이 슬플 때나 기쁠 때나, 어려울 때나 풍요로울 때나 어떤 상황에서도 하나님께 감사하는 것을 볼 수 있다.

내가 있는 곳에서 믿는 자로 살기

자신이 주문한 버블티 음료가 너무 쓰다고 고성을 지르며 항의한 남자를 뉴스에서 본 적이 있다. 그는 매장의 신고를 받고 출동한 경찰관에게 자기가 분노하는 원인이 매장과 직원의 실수에 있다고 어필했다. 직원의 잘못만 거듭 말함으로써 이 사단이 매장 측에 있음을 인식시키려는 듯 보였다.

잘못 만들어진 차 때문에 화가 날 수 있다. 그러나 그의 모습은 지나쳐 보였고, 그가 상황을 객관적 시각으로 들여다볼 여지는 없어 보였다. 상대방이 잘못했다고 생각할 때 자신의 옳음을 강하게 주장하는 그를 보다가 깜짝 놀랐다. 그의 모습에서 내가 보였기 때문이다.

누구나 잘못한 것에 항의할 수 있다. 그러나 만일 화가 날 만한 상황에서도 예수님의 시선을 느낄 수 있다면 그리스도인은 오히려 잘못을 품어주고 위로하는 선한 행함으로 그 일을 통해 하나님을 높이는 기회가 될 수 있을 것이다.

세상은 눈에 보이는 것으로 옳고 그름을 판단한다. 그 옳고 그름은 지극히 자기중심적이어서 나의 옳음은 상대방의 잘못을 주장하는 것이 되기 때문에 언제든지 다툼을 일으킬 수 있다. 그러나 그리스도인은 이것을 넘어서는 능력을 받았다. 그리스도인은 많은 상황 속에서, 특히 작은 일에서 자주 테스트를 받는다.

내가 종종 사람들을 판단하고, 분내고, 불평하고, 뒷담화하면 아내는 "당신 안에 예수님이 계시는데 어떻게 그렇게 말할 수 있나요. 당신을 화나게 하고 불평하게 한 그 사람을 위해 기도했나요?"라며 내가 믿는 자의 자리로 돌아오도록 도왔다.

나는 문제의 옳고 그름이 먼저 보이는데 아내는 문제보다 사람을 보고, 그 사람을 위해 기도한다. 그러나 나는 내게 상처 주고 내 마음을 어렵게 하는 사람을 위해 기도하는 것은 여전히 어렵다.

나에게 상처를 주는 사람 때문에 화가 날 때 자주 듣는 주님의 음성이 있다.

"차라리 네가 손해 볼 수는 없느냐?"

세상에는 예수님을 믿지 않으면서도 선하게 살려고 노력하는 사람들이 있다. 그런 여타의 세상 사람과 그리스도인이 구별되는 이유를 C. S. 루이스가 잘 설명해주었다.

그는 비그리스도인이 선한 행위를 하는 것은 만일 하나님이 존재한다면 그분을 만족시키기를 바라며, 그렇지 않다면 적어도 사람들에게 인정받기를 바라기 때문이라고 보았다. 그러나 그리스도인은 자신의 선한 행동은 모두 자기 안에 있는 그리스드의 생명에서 나온다고 생각한다는 것이다.

성도들이 세상 사람들과 구별되는 삶을 살아갈 수 있는 능력은 그리스도 안에서 나타난다. 그러므로 하나님이 기뻐하는 사람은 세상의 잣대로 높은 곳에 오른 사람이나 많은 것을 성취한 사람이기보다 세상과 구별된 좁은 길을 걷고 있는 무명의 그리스도인일지도 모른다.

거룩한 영에 사로잡힌 사람들이 선교사나 목회자가 되려고 신학교에 가는 것이 이슈가 된 적이 있다. 만일 그래야 한다면 거의 모든 그리스도인이 선교사나 전도사가 되어야 할 것이다. 그러나 마음에 거룩한 영이 있는 그리스도인에게는 지금 있는 곳이 선교지요 그곳이 그리스도의 빛을 드러내는 등대로 세우신 곳이다.

> 너희는 각각 부르심을 받은 그대로 하나님과 함께 거하라
> 고전 7:24

이 세상의 것

예수 그리스도를 전하기 위해 머나먼 오지로 자원하여 떠난 전도자들이 현지에서 겪는 어려움은 말로 다 할 수 없을 것이다. 선교사 한 분이 상대적으로 편안한 곳에서 원론적인 말씀을 전하는 설교자에게 쏟아붓는 격정적인 음성을 들은 적이 있다.

이 세상 곳곳에서 그리스도인들이 겪고 있는 엄청난 고통과 고난의 소식은 가슴을 먹먹하게 한다. 어떤 위로의 말로도 그 아픔을 가릴 수 없을 것이다.

그러나 온갖 어려움에도 불구하고 그리스도인이 세상에 굴복하지 않는 것은 하나님께서 마지막 순간까지 인도해주실 것을 믿을 뿐만 아니라, 장차 하늘나라에 가면 예수님 앞에서 쏟아놓으려 했던 이 땅의 온갖 아픔과 슬픔이 어느새 기쁨과 감사로 바뀌게 될 것을 믿기 때문이다.

하나님을 신뢰하는 증거는 두려운 순간이나 끝나지 않을 것 같은 고통 가운데서 더욱 뚜렷하게 드러날 것이다. 그러므로 만일 저주받은 것같이 가혹한 시간을 통과하는 그리스도인이 있다면, 그 시간은 하나님께서 그를 연단하고 순금으로 제련하고 계시는 것일 수도 있다.

사도 바울은 하나님이 어려운 길로 인도하실 때도 그분을 신뢰하는 믿음을 보여줌으로써 그리스도인들이 어떤 상황에서도 주 안에서 만족할 수 있는 본이 되어주었다.

> 어떠한 형편에든지 나는 자족하기를 배웠노니
> 나는 비천에 처할 줄도 알고 풍부에 처할 줄도 알아
> 모든 일 곧 배부름과 배고픔과 풍부와 궁핍에도
> 처할 줄 아는 일체의 비결을 배웠노라
> 내게 능력 주시는 자 안에서 내가 모든 것을 할 수 있느니라
> 빌 4:11-13

이 땅에서 사는 동안 육신은 내일 일을 걱정하지 않을 수 없을 만큼 연약하지만, 그리스도인은 걱정할 일이 없는 사람이 아니라 그 걱정할 일을 통해 하나님을 신뢰함을 증명하는 기회로 삼을 수 있는 사람이다.

그리스도인이 하나님을 신뢰한다고 고백하는 그 신뢰는 세상 사람들이 사람들 사이에서 사용하는 얕고 가치가 떨어진 신뢰를 말하는 것이 아니다. 거룩한 영과 연합된 그리스도인은 하나님의 나라와 그의 의를 먼저 구하는 사람이다. 거기까지다. 그다음은 하나님께 온전히 맡기는 믿음의 고백으로 족한 것을 알았다.

> 너희 하늘 아버지께서

이 모든 것이 너희에게 있어야 할 줄을 아시느니라
그러므로 내일 일을 위하여 염려하지 말라

마 6:32,34

리차드 백스터는 그리스도께서 성령을 보내신 이유가 이 세상일에서 다른 사람보다 더 유능한 사람이 되게 하기 위해서가 아니라, 더 경건하고 거룩한 삶을 살게 하기 위해서라고 했다. 또한 그리스도인이 세상 사람들과 다른 삶을 살아가는 것은 곧 그 마음에 그리스도의 영이 일하고 계시는 증거라고 했다.

내가 오랫동안 교회에 다니면서도 육신의 정욕, 탐욕이나 쾌락과 같은 죄에 무너지는 것을 어쩔 수 없는 것으로 변명했던 것은 예수님이 내 마음에 계신 것을 알지 못했고 예수님과 동행하는 믿음이 무엇인지도 몰랐기 때문이다.

14 거듭난 삶

　세상 사람들은 그들의 지혜와 지적 능력으로 모든 것을 알 수 있고, 모든 것을 볼 수 있고, 모든 것을 들을 수 있다고 생각한다. 그러나 거듭나지 못한 영은 눈이 있어도 볼 수 없고, 귀가 있어도 들을 수 없고, 가르쳐주어도 깨닫지 못한다.

"하늘나라는 어떤 사람이
자기 밭에 좋은 씨를 뿌린 것에 비유할 수 있다.
하늘나라는 사람이 자기 밭에 가져다가 심어 놓은 겨자씨와 같다.
하늘나라는 밭에 숨겨진 보물과 같다.
하늘나라는 좋은 진주를 찾아다니는 상인과 같다.
하늘나라는 바다에 던져 온갖 물고기를 잡는 그물과 같다."

마 13:24,31,44,45,47 우리말성경

예수님은 여러 가지 비유를 들어 사람들에게 천국을 들여다볼 수 있는 틈새를 열어주시려 했지만, 그들의 육신의 마음은 들어도 이해하지 못했다.

니고데모는 율법학자요, 산헤드린 공회원이요, 유대 사회의 랍비였다. 율법에 박식한 그도 예수님이 말씀하신 거듭남을 이해하지 못했다.

유대인들이 곱지 않은 시선으로 지켜보는 것을 알고 있는 니고데모가 예수님을 위해 나서기란 쉽지 않았을 것이다. 그럼에도 유대 지도자들이 예수님을 비난할 때 예수님을 변호하고, 아리마대 사람 요셉과 함께 예수님을 장사지낸 것은 그가 예수님을 만난 후 영이 변화되었기 때문일 것이다.

세상은 변화된 니고데모가 받은 복이 무엇인지 알 수도 이해할 수도 없겠지만, 니고데모의 변화된 삶은 예수님을 만나 완전히 새로운 영으로 거듭난 모든 그리스도인에게 나타나는 모습일 것이다.

내가 음란하고 은밀한 죄 가운데 있으면서도 회개하기를 주저하고 온전히 항복하지 않았던 것은 나의 영이 세상의 영에 가리워, 보면서도 보지 못하고 들으면서도 듣지 못하는 닫힌 마음이었기 때문임을 알았다. 그러므로 탕자임을 인정하고 회개하는 것도 하나님의 은혜다.

예수님을 마음에 초청하여 거룩한 영과 연합하고 어둠의 자녀에서 빛의 자녀로 거룩히 구별된 그리스도인은 하나님이 세우신 곳에서 하나님의 자녀로서 정체성을 드러내야 한다.

> 너희가 전에는 어둠이더니 이제는 주 안에서 빛이라
> 빛의 자녀들처럼 행하라
> 빛의 열매는 착함과 의로움과 진실함에 있느니라
> 엡 5:8,9

거듭난 그리스도인은 이 땅에서 영으로써 육의 행실을 다스리고 살아야 한다. 거듭난 사람은 자기의 삶을 사는 것이 아니라 그 사람 안에 있는 그리스도가 사시는 것이기 때문이다(갈 2:20). 그리스도인으로 이 세상을 살아가는 비밀은 단순하다.

> 그가 내 안에, 내가 그 안에 거하면
> 사람이 열매를 많이 맺나니
> 나를 떠나서는 너희가 아무것도 할 수 없음이라
> 요 15:5

자신의 의지와 노력만으로 변화될 수 없다는 것은 몸과 마음을 수련하여 도를 터득하려 했던 수많은 수도자를 통해 이미 증명되었다. 한순간에 변화를 겪는 사람도 있고 서서히 변화하는 사람도 있지만, 어느 쪽이든 예수님을 만나 변화된 사람은 거룩한 영이 인도하실 때 순응함으로써 믿음의 열매를 맺을 것이다.

아버지의 기쁨

복음을 전하다 보면, 하나님을 믿는 것이 얼마나 어려운 일인지 새삼스레 느끼게 된다. 그럴 때면 내가 어렸을 적 아무것도 모르면서도 교회 울타리 안에서 뛰어노는 것을 지켜보셨던 하나님의 따뜻한 시선이 있었음을 기억하고 마음이 뭉클해진다.

그때는 하나님의 마음도 알지 못하고 하나님의 시선도 느끼지 못했지만, 내 마음에 뿌려진 아주 작은 믿음의 씨앗 덕분에 훗날 내가 죄 가운데 있을 때 돌아오기를 기다리시는 하나님의 마음을 느낄 수 있었다.

내가 교회와 세상을 구별하지 못하고 살 때는 여전히 주님의 시선을 의식하지도 못했고 그분의 음성을 들으려 하지도 않았다. 예배당에서 하나님을 예배할 때는 믿는 자 같으나 밖으로 나오면 세상 사람과 크게 다를 바 없었다.

세상 사람들과 섞여 사는 것이 어쩔 수 없다고 변명하는 마음은 적당히 죄짓고 사는 것을 눈감아 주는 면죄부가 되었다. 나는 오랫동안 교회에 다녔고, 부모님의 말씀에 대체로 순종적이며 주변의 친구들에 비해 상대적으로 죄를 덜 지었다고 생각했기 대문에 교회에서 탕자에 대한 설교를 들을 때도 회개는 나를 향한 말씀으로 들리지 않았다.

그러나 예수님이 내 안에 계신 것을 알게 된 후에는 내가 죄인 중의 죄인이요 내가 탕자임을 고백하게 되었다. 만일 탕자를 맞이하는 아버지의 마음이 형처럼 인색했다면 나는 돌아올 용기를 내지 못했을지도 모른다. 회개하고 돌아오는 탕자를 기뻐하며 맞아주시는 하나님의 사랑은 절대적인 것을 알았다.

탕자가 돌아오는 것은 죽었다가 살아난 것과 같은 기쁨이 된다는(눅 15:32) 예수님의 말씀을 들어도, 잃어버린 아들을 찾은 아버지의 기쁨이 어느 정도인지 크게 느껴지지는 않았다.

둘째 아들이 초등학교 1학년 때, 수영장에 간 아들을 찾지 못해서 아이를 영영 잃어버릴지도 모른다는 두려움과 절망감이 엄습한 적이 있다. 그 아들을 다시 찾았을 때 그제야 아들을 잃어버렸을 때의 심정, 그리고 잃었다고 생각한 아들을 다시 찾은 아버지의 마음이 어떤 것인지 알 수 있었다.

나는 외할머니의 따뜻한 사랑을 넘치도록 받았음에도 할머니에게 예수님을 전할 만큼의 믿음이 없었다. 가끔 돌아가신 할머니가 생각날 때면 예수님을 전하지 못한 것으로 인해 마음이 아프다. 내가 할머니에게 예수님을 전하는 믿음이 있었다면 사랑하는 할머니를 천국에서 만나는 날을 기다리는 기쁨을 누릴 수 있었을 것이다.

나는 예수님이 그리스도시요 주님이심을 말뿐만 아니라 행함으로 증거하며 살았던 신실한 성도들에게서 믿음으로 사는 본을 배우고, 그분들이 생명을 바치면서 전해준 복음이 나의 영혼을 구하는 복음이 된 것에 감사한다.

모든 그리스도인은 스데반이나 바울과 같은 수많은 순교자가 목숨을 내놓고 전해준 복음의 수혜자다. 지금의 세대는 스데반과 바울을 비롯한 수많은 믿음의 선진들에게 복음의 빚을 졌다. 그러므로 지금 세대 또한 다음세대로 복음을 전해야 하는 소명이 있다.

> 너희는 온 천하에 다니며 만민에게 복음을 전파하라
> 믿고 세례를 받는 사람은 구원을 얻을 것이요
> 믿지 않는 사람은 정죄를 받으리라
> 막 16:15,16

삭개오의 회개를 기쁨으로 받으신 예수님은 오늘도 잃어버린 자녀를 찾고 계신다.

신앙고백

내가 죽음 너머에서 돌아온 것은 나를 위해 기도해준 사람들과 그 기도에 응답하신 하나님의 은혜였다.

죽을 때가 되었을 때 비로소 죽을 준비가 되지 못했음을 알았고, 깨달았다고 하면서도 여전히 깨닫지 못했고, 맡긴다고 하면서도 여전히 맡기지 못한 것이 드러났다.

죽음의 자리에 섰을 때야 이 세상의 어떤 것도 아무런 도움이 되지 못하는 것을 알았다. 하늘나라에 가기 위해서는 회개하여 하나님과의 관계를 회복해야 하고, 예수님이 마음에 계시지 않으면 천국에 갈 수 없는 것을 알았다.

죽어보니, 천국에 들어가는 그 하나만으로도 세상의 모든 것을 주어도 바꿀 수 없다고 노래한 찬양 가사가 얼마나 아름다운 고백인지를 알게 된다. 하늘나라를 본 적이 없음에도 천국을 본 것과 같은 믿음의 고백을 하는 사람들에게 진한 감동을 받는다.

그들을 통해 하나님은 눈으로 보지 않으면 믿지 못하고, 어려운 일이 생기면 하나님보다는 도와줄 사람이 먼저 생각나고, 살아 계신 하나님을 의심했던 내게 하나님을 온전히 신뢰할 기회를 주셨다고 믿는다. 기쁠 때뿐만 아니라 지독한 슬픔 가운데서도 감사를 고백하는 그리스도인들에게서 믿음의 삶을 배우고, 그리스도 한 분만으로 만족함을 고백하는 그들에게서 믿음의 증거를 보면서 계속

해서 성장하기를 소망한다.

하나님의 나라를 보고 온 후, 세상을 보는 시선이 달라진 것을 알 수 있었다. 보이지 않는 하늘나라가 실제요 오히려 이 세상이 허상인 것처럼 느껴지기도 했다.

하나님나라를 소망하는 기도가 진실한 고백이 되기 위해서는 이 땅의 시선이 아닌 천국의 시선으로 기도하는 것이 진정한 신앙고백이 되지 않을까 생각된다.

아침에 눈을 뜨면 무릎 꿇고 웅크린 채 기도함으로 예수님과 하루를 시작한다.

"하나님, 이 땅에서 눈뜨게 해주서서 감사합니다. 오늘도 인도하시는 대로 순응하게 하소서."

만약 죽음 너머에서 눈을 뜨게 된다면 이렇게 말할 것이다.

"하나님, 저 땅의 수고를 마치게 해주서서 감사합니다."

세상 사람은 그리스도인이 하늘나라에 가기를 소원하면서도 이 땅에서 하루를 더 살게 된 것에 왜 감사하는지 이해할 수 없을 것이다.

바울이 이 땅에서 조금 더 머물고자 했던 것은 죽기 싫어서도 아니고 이 세상이 더 좋기 때문도 아니었다.

"이는 내게 사는 것이 그리스도니 죽는 것도 유익함이라
그리스도와 함께 있는 것이 훨씬 더 좋은 일이라

그렇게 하고 싶으나

내가 육신으로 있는 것이 너희를 위하여 더 유익하리라."

빌 1:21,23,24

그가 이 땅에 잠시 더 머물기를 원했던 것은 아직 예수님을 알지 못하는 사람들에게 복음을 전하고, 믿음이 연약한 성도들을 굳건한 믿음으로 세우기 위해서였다. 바울은 우리가 육신을 입고 있는 동안 그 삶이 예수 안에서만 의미 있는 삶이 되는 것을 성도들에게 알리고 싶었을 것이다.

천국의 시선으로 보면

스데반은 하나님의 은혜와 권능이 충만하여 사람들에게 기사와 표적을 행하던 사람이다. 모함을 받아 돌에 맞아 죽는 자리에 섰을 때, 스데반의 눈에는 하나님의 영광과 예수님이 보였다.

하늘이 열리고 인자가 하나님 우편에 서신 것을 보노라

행 7:56

이 말이 믿어지지 않았던 때도 있다. 스데반이 보이지 않는 것을 보인다고 거짓말하는 것은 아닐까 의심하기도 했다. 그러나 스데반의 말은 과장된 것도 거짓도 아니다. 그가 죽음의 순간에도 죽음을 두려워하지 않고 담대히 받아들일 수 있었던 것은 영의 눈으로 하늘나라의 영광을 볼 수 있었기 때문이다.

주 예수여 내 영혼을 받으시옵소서
주여 이 죄를 그들에게 돌리지 마옵소서
행 7:59,60

스데반은 오히려 자기를 향해 돌을 던지는 사람들을 품는 믿음을 보여주었다. 나는 거룩한 성도들이 순교의 자리에 서게 되면, 스데반과 똑같은 고백을 하게 될 것이라 믿는다.

나의 믿음이 약할 때는 이 땅에서 벌어지는 사건을 육의 시각으로 이해하려고 할 때가 많았다. 그리하여 스데반을 구하지 않으시는 하나님을 이해하지 못했다. 그러나 스데반을 죽음의 자리에서 건지지 않으신 것도 하나님의 뜻이요 스데반이 돌에 맞아 죽는 현장에서 장차 사도 바울이 될 사울이 지켜보도록 하신 것도 하나님의 뜻인 것을 알게 되었다.

스데반이 죽임당하는 것을 마땅하게 여겼던 바울이 루스드라에서 전도하던 중 스데반처럼 돌팔매질을 당했다(행 14:19). 돌에 맞으면서 바울은 스데반이 생각났을 것이다. 스데반에게 미안한 마음이 들었을까? 스데반이 보고 싶었을까? 바울이 천국에 갔을 때, 아마도 스데반 집사가 달려와 바울을 반갑게 맞아주며 안아주었을 것이다.

예수님이 그리스도이심을 증거하다가 돌에 맞아 순교한 스데반 집사나 사도 바울이 전도 과정에서 겪었던 수많은 고난을 세상 사람들은 아무런 의미 없는 비극으로 볼 것이다. 그러나 천국의 비밀을 아는 사람에게는 이 땅의 고난이나 심지어 죽음마저도 비극으로 보지 않을 것이다.

하나님나라를 세상 나라의 말로 전하는 것이 참 어렵다고 느낄 때가 있다. 하나님 없이 사는 사람들이 예수님을 거부할 때면 핍박과 조롱과 살해 위협을 받으면서까지 복음을 전하려 했던 사도 바울이 생각난다. 세상 사람들을 마주했던 그의 마음이 얼마나 대단한 것인지 조금은 느낄 수 있기 때문이리라.

동행 훈련

세상은 '우연히'라는 말을 쓴다. 그러나 그리스도인에게 '우연히'라는 것은 없다고 들었다. 처음에는 이해가 되지는 않았지만 나에게 일어나는 모든 일에 주님이 관여하심이 있음을 믿는 연습을 하고 있다.

실제 내게 일어나는 모든 일을 주님의 뜻으로 받아들이는 것이 쉽지는 않다. 특히 내 마음에 들지 않을 때 더욱 그렇다. 그러나 이제는 어떤 상황에서 주님께 기도하고, 묻고, 주님과 동행하고 있다면 내 마음에 들지 않는 일을 통해서도 주님의 뜻을 나타내는 것이라고 생각하게 되었다.

하나님이 인도하시는 길이 유일한 길인 줄 알면서도 그 길이 내 눈에 들지 않을 때 불평하는 마음이 모두 없어진 것은 아니다. 나의 길을 하나님의 뜻에 맡기는 기도를 할 수 있게 되었지만, 하나님이 정말로 그렇게 하실까 은근히 걱정하는 마음이 완전히 없어진 것도 아니다.

내가 주님의 인도하심에 머뭇거리거나 말하는 것과 속마음이 다를 때 거룩한 영은 그런 내 마음을 지적하신다. 두 마음을 두고 저울질을 하는 속내를 들키면 부끄러워지기도 하지만 내가 품은 생각까지 곧바로 빛 가운데 드러내심으로 나의 영을 지켜주시는 것에 감사한다.

그러므로 그리스도인은 정체성과 믿음을 지키기 위해서는 이 땅의 마지막 날까지 예수님과 동행하는 훈련을 계속해야 하는 것을 알았다. 하나님과의 연결이 끊어지면 영원한 생명을 잃게 되는 엄청난 두려움을 알게 되었기 때문이다.

하나님의 거룩한 영이 내 안에 계시지 않는다면 내가 보고 온 하늘나라는 꿈이나 환상이 되어버리고 또다시 이 세상에 얽매이게 되어 죄의 종으로 사로잡히게 될 것이다.

"삶이 바뀌지 않았다면 믿는 것이 아닙니다."

그리스도인에게 "믿는 것이 아니다"만큼 두려운 말씀은 없다. 교회에서 내 열심으로 봉사하고, 주일예배에 빠지지 않고, 헌금 잘하고, 교인들과 잘 지내면 신앙생활을 잘하는 것으로 생각하던 내게 믿음이 삶에서 실제가 되어야 하는 것에 눈뜨도록 하신 분이 유기성 목사님이다.

목사님은 예수님을 믿음으로 인해 나의 옛사람이 죽고 새로운 생명을 가지게 된 것과 내 마음 안에 예수님이 계신 것과 예수님과 이 세상 끝날까지 동행해야 하는 것을 가르쳐주셨고, 예수님과 친밀히 동행하기 위한 구체적인 방법으로 예수동행일기를 쓰게 하면서까지 '교인'을 '성도'로 변화시키려 애쓰고 계신다.

내가 처음부터 유 목사님을 좋아했던 것은 아니다. 2009년 처음 설교를 듣기 시작했을 때는 그전까지 듣던 설교와 충돌을 일으켜서 도마 같은 나는 따지고, 비교하고, 확인해야 했다. 그렇게 수년이 지나서야 말씀이 들리기 시작했다.

목사님을 통해 영으로 육을 다스리며 사는 믿음을 배웠다.

"믿음은 육신의 지혜와 지식으로 만들어지지 않습니다. 하나님의 은혜입니다. 실제 삶에서 믿음으로 산다는 것은 지극히 어려운 일입니다.

가장 큰 방해자는 유혹입니다. 육신의 마음은 육신의 일을 도모합니다. 하나님을 내세우지만, 육신의 안목입니다. 육신의 삶이 잘 되고자 하는 수단입니다. 세상에서 인정받기 원하는 욕심입니다. 믿음으로 육신을 세우려 하는 것은 하나님을 아직 만나지 못한 증거입니다. 육신을 통해 영의 삶을 세우려는 믿음은 영을 통해 믿음으로 사는 삶을 아직 알지 못한 증거입니다.

하나님의 세계는 그분을 바라보는 은혜를 입은 것을 찬양하며 늘 잊지 않고 감사하는 것입니다. 이끄시는 분과 동행하기까지 은혜를 베푸신 주님의 은혜를 믿음으로 고백하며 사는 것입니다."

육신의 영이 성령으로 거듭났으니 주님과의 친밀한 동행으로 주께서 약속한 복을 누리며 살기를 소원한다.

천국은 따놓은 당상이 아니다

청함을 받은 자는 많되 택함을 입은 자는 적으니라
마 22:14

이 말씀은 하나님을 알지 못하는 세상 사람들에게 하신 것이 아니다. 하나님은 천국의 초청장을 받은 사람들에게, 버려지고 천국에 들어가지 못할 위험성을 경고하는 말씀을 성경 곳곳에서 하고 계신다.

두렵게도 '한 번 구원은 영원한 구원이요, 믿기만 하면 천국에 들어갈 것처럼' 말하는 사람들과 그 말을 믿는 사람들을 볼 수 있다. 나 역시 천국의 초청장을 받으면 당연히 천국에 가는 줄 알았다. 그들의 말에 솔깃해졌던 것은 그게 하나님을 쉽게 믿는 길이기도 했고, 그런 말이 사실이기를 바라는 얄팍한 마음이 내게 있었기 때문이다.

이는 자기 죄로 손과 발에 못이 박히고 십자가에 매달려 죽어야 하는 고통을 대신해주신 예수님의 그 '값없는' 십자가 사랑을 '값싼' 사랑으로 둔갑시킨 사람들 때문에 벌어지는 일이다.

그러나 사람의 말에 귀가 솔깃해져서 적당히 죄짓고 살아도 된다고 생각하며 산다면 하나님의 심판대 앞에 섰을 때 남을 탓하며 변명할 수 없을 것이다.

> 나더러 주여 주여 하는 자마다
> 천국에 다 들어갈 것이 아니요
> 다만 하늘에 계신 내 아버지의

뜻대로 행하는 자라야 들어가리라
마 7:21

천하보다 귀한 내 영혼을 다른 사람의 입술에 맡길 수는 없다. 죄를 지으면 하나님께 반역하는 것이고, 온전한 회개함이 없이는 하나님과의 관계가 회복되지 않는다.

돌아오기를 기다리는 하나님의 사랑을 외면한 채 끝까지 그분의 음성에 귀를 막았던 사람, 그리고 세상에 한 다리를 걸친 채 세상의 욕망과 육신의 쾌락을 좇으면서도 하나님을 믿는다고 말했던 사람은 육신으로 저지른 죄뿐만 아니라 마음에 숨겨놓았던 죄까지 수많은 죄가 하나님의 빛 가운데 순식간에 드러나는 것을 보게 될 것이다.

하나님의 빛에 서는 순간, 어떤 변명의 생각을 품거나 거짓된 마음을 숨길 수 있는 조금의 틈조차 없을 것이다. 하나님의 임재는 너무나도 압도적이어서, 은혜를 받는 사람은 그분의 무한한 사랑으로 덮이지만 은혜를 받지 못한 자는 거역할 수 없는 공포에 뒤덮일 것이기 때문이다.

천국 잔치에 들어가지 못하게 된 다섯 처녀도 천국 잔치에 초청을 받았고 잔치에 갈 준비를 했던 사람들이다. 그들도 마음씨가 착했을 것이다. 그러나 안타깝게도 오늘을 준비하지 않고 보낸 게

으름이 천국에 들어갈 수 없게 했다.

천국을 준비하는 날은 오늘이다. 하나님이 살아계시고 천국이 있는 것을 정말 믿는다면 그분과의 관계 회복을 내일로 미루어서는 안 된다. 내일은 주님의 날이기 때문이다. 한 번 닫힌 문은 절대 열리지 않는다.

> 그들이 사러 간 사이에 신랑이 오므로
> 준비하였던 자들은 함께 혼인 잔치에 들어가고 문은 닫힌지라
> 그 후에 남은 처녀들이 와서 이르되
> 주여 주여 우리에게 열어 주소서
> 대답하여 이르되
> 진실로 너희에게 이르노니
> 내가 너희를 알지 못하노라 하였느니라
> 마 25:10-12

내가 주님께 항복하기를 주저하던 때에 마음을 깊이 찌르는 백스터의 안타까운 외침을 들었다.

"오늘 회개하라고 부르시는 데도 느긋하게 아직 시간이 충분하다고 여유를 부릴 수 있겠는가?"

에필로그

내가 유일하게 사랑하는 사람, 혜원에게

　당신은 내가 먼저 하늘나라에 간다는 말을 싫어했지요.
　당신은 하늘나라에 갈 때도 둘이서 같이 가고 싶다고 입버릇처럼 말했고 나는 그럴 수 없는 것을 알면서도 약속 아닌 약속을 했습니다. 비록 손가락을 걸고 한 약속은 아니지만, 오늘 약속을 어기게 된 듯합니다.
　지금 유언장을 쓰면서도 조금도 불안하지 않은 것은 그리스도인에게 죽음은 다음 세상의 시작이요 밝고 빛난 하늘나라로 가는 날인 것을 알기 때문입니다.

　지난번 내가 패혈증으로 죽어갈 때 당신에게 마지막으로 남길 말을 찾으려고 기억의 창고를 헤집고 다녔으나 당신에게 잘해준 것이 하나도 생각나지 않아서 당혹스러웠습니다. 분명 잘해준 것이 있을 법한데 잘못한 것만 생각이 났기 때문입니다.
　결국, "사랑해"가 전부였지요. 나중에 생각해봐도 참 멋없는 장면입니다. 평소에 사랑을 표현하지 못하고 믿음이 실제가 되도록 훈련하지 않으면, 막상 죽을 때가 되었을 때 진심을 담는 것이 어렵다는 것을 알게 되었습니다.

당신을 처음 만났던 날이 내 마음에 선명하게 남아 있습니다. 싱그럽고 귀엽고 사랑스러운 모습이었지요.
당신은 나의 마음을 전부 차지하고도 흘러넘쳤기 때문에 만약 누군가 내가 멍하니 당신을 생각하고 있거나 행복한 표정을 짓고 있는 것을 보았다면 아마도 머리를 흔들었을 것입니다.

어느새 당신의 전부가 아닌 일부만 사랑하면서도 그것을 당연하게 여길 만큼 변질이 되었던 것은 마음에 작은 빈틈이 생기는 것을 지나쳤기 때문이고 조금은 한눈을 팔아도 될 것 같은 마음을 그냥 두었기 때문입니다. 그 작은 틈이 커다란 둑을 무너뜨리게 될 수 있다는 것을 가볍게 여긴 탓입니다.

한 사람만을 사랑하기 위해서는 내가 죽어야 하는 것을 몰랐고, 처음 사랑보다 사랑을 지키는 것이 훨씬 더 어려운 것을 몰랐다고 변명하고 싶지는 않습니다.

단지, 처음 사랑을 끝까지 지키며 사는 것이 불가능한 게 아니라 내 마음에 있는 예수님이 내 삶에 실제가 되지 않으면 언제든지 변질이 될 수 있는 것을 알고 있으면서도 모르는 체했던 것입니다.

나의 우매함으로 당신을 어렵게 했던 때에도 당신은 나를 살리기 위해 하나님께 매달려 기도했지요. 그 기도를 들으신 하나님께서 나에게 기회를 주셨다고 생각합니다. 당신은 내 생명을 살렸습니다.

남겨진 시간을 셀 수 있는 시간이 다가오니 마음을 비우게 되면서 지난 시간 부족했던 것을 다시 헤아리게 됩니다.
죽음을 넘었을 때는 못 할 것이 하나도 없다고 생각했는데 나는 아직도 사랑의 문턱도 넘지 못하고 있고 그것을 변명하고 있습니다. 마음을 어렵게 하는 사람을 사랑으로 품는 것도 내 힘으로 할 수 없음을 알게 됩니다. 결국 이 세상은 내 힘으로 사는 것이 아님을 깨닫습니다.

혜원,
당신의 믿음을 유산으로 받은 아이들이 이 세상을 이길 것을 믿기에 아이들을 걱정하는 마음은 없습니다. 물론 하늘나라에서도 아이들을 위해 기도할 것입니다.
　당신이 하늘나라에 오는 날 당신을 어떻게 맞이할지 생각하는 것으로 내 마음은 기대와 설렘으로 채워집니다. 그날 당신은 이 땅에서처럼 예쁜 미소를 지으며 내 손을 잡아주겠지요.

　같이 가겠다는 약속을 깨고 먼저 가게 되어 미안합니다.
　그리고 사랑합니다.

　From. 혜원의 사랑을 너무 많이 받은 사람, 준.

　＊추신 : 당신에게 속마음을 남길 수 있는 시간을 주신 것에 하나님께 감사를
　　　　 드렸습니다.

하나님의 추격하시는 은혜

초판 1쇄 발행	2025년 8월 19일
지은이	김교준
펴낸이	여진구
책임편집	최현수 구주은
편집	이예주 안수경 김도연 김아진 배예담
책임디자인	마영애 남은진 ㅣ 노지현 조은혜 정은혜
홍보 · 외서	진효지
마케팅	김상순 강성권
마케팅지원	최영배 정나영
제작	조영석 허병웅
경영지원	김혜경 김경희

303비전성경암송학교 유니게 고정
이슬비전도학교 / 303비전성경암송학교 / 303비전꿈나무장학회

펴낸곳   규장

주소 06770 서울시 서초구 매헌로 16길 20(양재2동) 규장선교센터
전화 02)578-0003   팩스 02)578-7332
이메일 kyujang0691@gmail.com
페이스북 facebook.com/kyujangbook   홈페이지 www.kyujang.com
카카오스토리 story.kakao.com/kyujangbook   인스타그램 instagram.com/kyujang_com
등록번호 1922-2461
since 1978.08.14

ⓒ 저자와의 협약 아래 인지는 생략되었습니다.
이 출판물은 저작권법에 의해 보호를 받는 저작물이므로 무단 전재와 무단 복제를 할 수 없습니다.

책값   뒤표지에 있습니다.
ISBN 979-11-6504-648-4 03230

규ㅣ장ㅣ수ㅣ칙

1. 기도로 기획하고 기도로 제작한다.
2. 오직 그리스도의 성품을 사모하는 독자가 원하고 필요로 하는 책만을 출판한다.
3. 한 활자 한 문장에 온 정성을 쏟는다.
4. 성실과 정확을 생명으로 삼고 일한다.
5. 긍정적이며 적극적인 신앙과 신행일치에의 안내자의 사명을 다한다.
6. 충고와 조언을 항상 감사로 경청한다.
7. 지상목표는 문서선교에 있다.

하나님을 사랑하는 자 곧 그의 뜻대로 부르심을 입은 자들에게는 모든 것이 合力하여 善을 이루느니라(롬 8:28)

Member of the
Evangelical Christian
Publishers Association

규장은 문서를 통해 복음전파와 신앙교육에 주력하는 국제적 출판사들의 협의체인 복음주의출판협회(E.C.P.A:Evangelical Christian Publishers Association)의 출판정신에 동참하는 회원(Associate Member)입니다.